고난은
악이 아니라 약이다

고난은 악이 아니라 약이다

악이 아니라 약이다

조봉희 지음

교회성장연구소

머리말

일본 재계에서 가장 존경받는 인물인 고(故) 마쓰시타 고노스케 회장은 어린 시절 매우 가난했습니다. 하지만 그는 가난 '때문에'라고 탓하지 않았습니다. 오히려 가난 '덕분에' 평생 근검절약할 줄 알아 부자가 되었다고 힘주어 말했습니다. 또 그는 소학교(초등학교)도 제대로 졸업하지 못했습니다. 하지만 배우지 못했기 '때문에'라고 탓하지 않았습니다. 오히려 배우지 못한 '덕분에' 남들보다 더 많이 공부에 관심 갖고, 한 자라도 더 배우려고 온 열정을 쏟았습니다. 말년에는 후학을 양성하기 위해 '마쓰시타 정경숙'(松下 政經塾)이라는 배움터까지 세웠습니다. 그는 몸도 약했습니다. 하지만 몸이 약하기 '때문에'라고 핑계 대지 않았습니다. 오히려 몸이 약했던 '덕분에' 더 조심하고 삼가면서 건강을 챙겨 95세가 넘도록 장수할 수 있었습니다.

이렇게 보면 마쓰시타 고노스케의 삶을 대하는 자세의 특징은 '때문에'라며 탓하는 것이 아니라, '덕분에'라고 말할 줄 아는 철저한 '긍정의 철학'입니다.

부정적인 사람일수록 '때문에'라고 핑계를 일삼습니다. 반면에 긍정적인 사람일수록 「덕분에」라는 역설적 신앙으로 살아갑니다. 우리 그리스도인의 고난은 대부분 인과응보가 아닌, 섭리적 고난입니다.

그래서 우리는 '고난 때문에'라고 피해의식으로 인생을 사는 대신, '고난 덕분에'라는 승리의식으로 살아갈 수 있습니다. 사도 바울이 역설적으로 간증하듯이, '약함 덕분에, 인생의 가시 덕분에' 하나님의 능력이 크게 역사하는 것입니다. 오늘도 동일합니다. 내가 약할수록 하나님의 능력이 역력하게 드러납니다. 약할수록 은혜가 크게 역사합니다. 하나님은 우리의 약함을 강함으로, 악재를 호재로 사용하십니다.

저는 군대에서 허리(요추) 골절상을 입고 뼈를 이식하여 유합하는 큰 수술을 받았습니다. 그 후유증으로 반듯이 누워서 깊은 잠을 자지 못합니다. 하룻밤 사이에도 몸을 몇 차례씩 가누며 선잠을 잡니다. 그렇게 오랜 세월을 살아오고 있습니다. 여러 가지 복합적인 요인으로 목디스크도 터져서 수술했고, 작년에는 복부대동맥과 척추 사이에 림프종이라는 암이 생겼습니다. 암의 위치가 좋지 않은 곳에 있어서 방사선 치료도 못 합니다. 접근이 어렵고 위험합니다. 설상가상으로 최근에는 군대에서 수술 받은 허리뼈 압박 후유증의 문제로 디스크까지 심하게 터져서 병원에 입원하여 또 한 번 고난의 터널을 지났습니다. 영혼의 어두운 밤을 통과했습니다. 저는 이렇게 해석해봅니다. 독수리가 40살이 되었을 때, 제 2단계 장수(長壽)의 삶으로 비상하기 위한 프로세스로 엄청난 고행수련을 하듯이 그렇게 영혼의 사막여행을 한 것입니다. 그래서 저는 인생의 어떤 험난한 코스도 잘 패스해가고 있습니다.

그러다 보니 오직 하나님만 의지하며 살아가고 있습니다. 약함과 고난 덕분에 오직 믿음으로 살아갈 뿐입니다. 우리 모두에게 위로가 되고, 희망을 주는 유훈이 있습니다. 지금은 천국에 계신 옥한흠 목사님의 지론 중 하나입니다. '고난은 변장된 축복이다.'

만일 우리가 인생의 가시로 인해 하나님만 의지하게 된다면, 비록 그 가시가 고통스럽다 해도 분명히 하나님의 은혜일 수 있습니다. 따라서 삶의 여정에서 고난은 독(毒)이 아니라, 득(得)이 되는 경우가 많습니다.

중국 선교사 허드슨 테일러(James Hudson Taylor)는 "하나님의 모든 거인들은 약한 사람들이었다"라고 정의해줍니다. 하나님은 비범하고 탁월한 영웅호걸을 사용하는 대신에, 평범하고 초라한 약자들을 크고 위대하게 쓰십니다. 하나님은 약한 사람들을 사용하기를 좋아하십니다.

이런 맥락으로 저는 이번 책의 제목을 『고난은 악이 아니라 약이다』라고 정했습니다. 서양에서는 외과 의사들이 아이들을 수술하기 전에 이렇게 달래준다고 하죠. "내가 너를 아프게 할지는 몰라도, 너에게 손해를 입히지는 않을 것이다."

그렇습니다. 시련을 만나 고통스러울 수는 있어도, 하나님께서 손해를 입히지 않으심을 믿으십시오. 하나님은 다시 일어서는 법을 가르치기 위해서 넘어뜨리기도 하십니다. 소아마비 장애로 두 다리와 오른손을 쓰지 못해 평생 인고의 삶을 살았던 고(故) 장영희 교수는 유방암, 척추암, 간암까지 앓으면서도 긍정인생을 살아가며 희망의 끈을 놓지 않았습니다. 그녀가 세 번째 암을 앓으면서 내놓은 책이 『살아온 기적 살아갈 기적』입니다. 장 교수는 이렇게 피력합니다.

"기적이란 다른 먼 곳에 있는 것이 아니다. 아프고 힘들어서 하루하루를 어떻게 살까 노심초사하며 버텨낸 나날들이 바로 기적이다. 살아온 기적이 살아갈 기적이 된다."

저는 세계보건기구(WHO)가 정한 슬로건 'with Corona'를 좋아하지 않습니다. 최근에 유행하는 신조어들, 코로나블루, 코로나레드 같은 말에 위축되지 맙시다. 시대와 환경의 피해자로 살아가지 맙시다. 오히려 고난이라는 악재를 축복의 약재로 활용하며 살아갑시다. 고난은 수동적으로 피해야 할 문제가 아니라, 능동적으로 돌파해나가야 할 대상입니다.

우리는 신실하신 하나님의 복된 섭리를 믿는 자로서 어떤 걸림돌도 디딤돌로 역이용할 수 있습니다. 예수님 말씀 그대로 우리는 '위대한 반전'(Great Reversal)을 이루며 살아가는 자입니다.

그래서 저는 이렇게 제창합니다. 'beyond Corona', 역경을 이기며 살아가자는 믿음의 외침입니다. 다시 말해, 고난을 염세적인 악으로 여기지 말고, 섭리적인 약으로 여기며 살아가자는 것입니다. 인생의 불행과 행복, 성공과 실패는 마음가짐(attitude)에 달려 있습니다. 소위 태도가 고도를 결정합니다(Attitude to Altitude). 오늘도 변함없이 기독교 신앙의 매력은 역동성입니다. 역설의 역동성이 역전을 가져옵니다. 그래서 '고난은 악(惡)이 아니라, 약(藥)입니다.'

이번에도 이 책이 나오기까지 훌륭한 편집과 디자인, 출판을 맡아주신 교회성장연구소에 감사를 드립니다. 그리고 아주 탁월하게 내용을 구성하고, 섬세하게 작업해준 김민식 목사와 박미혜 목양실장에게 변함없는 감사를 드립니다. 무엇보다, 고난의 동역자로 뒷바라지해 주고 있는 사랑하는 아내와 우리 지구촌교회 모든 교우들에게 머리 숙여 큰 감사를 드립니다.

고난을 약으로 여기는
조봉희

목차

머리말 _ 04

고난은 악이 아니라 약이다

고난은
악이 아니라 약이다

1부

고난 苦難

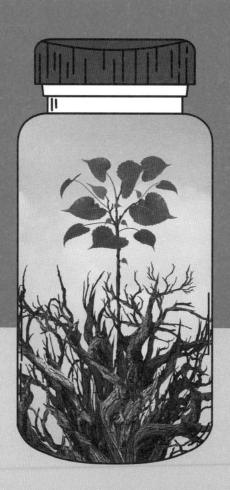

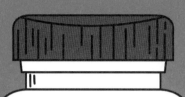

Q. 질병으로
고통당할 때

질고를
져 주시는
예수님

이사야 53:1-6

질고를 져 주시는
예수님

이사야 53:1-6 | 메시지성경

●

¹우리가 듣고 본 이 일을 믿은 자 있었느냐? 하나님의 구원하시는 능력이 이런 것일 줄 상상이라도 해본 자 있었느냐? ²⁻⁶하나님 앞에서 자라난 그 종, 바싹 마른 땅에 심긴 앙상한 묘목, 왜소한 초목 같았다. 아무 볼품없고 보잘것없었다. 멸시받고 무시당하며, 고난을 아는 사람, 고통을 몸소 겪은 사람이었다. 그를 보면 사람들은 고개를 돌렸다. 우리는 그를 멸시했고 벌레 취급했다. 그러나 그는, 질고를 짊어지고 가는 사람이었다. 우리의 고통, 우리의 추함, 우리의 모든 잘못을. 우리는 그가 제 잘못 때문에 저렇게 되었다고, 자기 잘못 때문에 하나님께 벌을 받는 것이라고 생각했다. 그러나 실은, 우리의 죄 때문이었다. 그가 찢기고, 깨지고, 밟힌 것은, 우리의 죄 때문이었다! 그가 벌을 받아들였기에 우리가 온전해졌고, 그가 입은 상처를 통해 우리가 치유를 받았다. 우리는 길 잃고 방황하는 양들같이 다 제멋대로 제 갈 길로 갔지만, 하나님은 우리의 모든 죄, 모든 잘못을 그에게 지우셨다. 그에게.

●

　질병으로 고통을 받아 본 경험이 누구나 있을 것이다. 질병은 왜 생길까? 인간의 몸이 병드는 일은 언제부터 시작되었을까? 전염병은 왜 주기적으로 발생하는 것일까? 세계 최고의 의학사학자 헨리 지거리스트(Henry Sigerist)는 그의 책, 『문명과 질병』에서 질병의 원인과 역사를 잘 규명해 준다. 또 제레드 다이아몬드(Jared Mason Diamond)가 쓴 『총균쇠』도 질병과 역사의 현실을 잘 설명해 준다.

인류의 역사는 질병의 역사이자, 질병의 극복과 좌절의 역사이다. 이 표현이 참 서글프지만 사실이다. 지금까지 그 어떤 질병도 완치로 종식되지 않았다. 전 세계를 초긴장시키는 전염병은 거의 4~5년 단위로 반복되고 있다. 조류인플루엔자, 사스, 에볼라, 메르스, 그리고 이번에 발생한 신종 코로나바이러스까지. 앞으로 또 어떤 바이러스가 등장할지 아무도 예측할 수 없다.

그동안의 역사를 보면, 놀랍게도 전쟁으로 죽은 사람보다 전염병으로 죽은 사람이 훨씬 더 많다. 최근 미국에서는 원인 모를 독감으로 8천 명 이상이 사망했다. 한 가지 치명적인 병이 그 위력을 잃으면 또 다른 질병이 등장한다. 특히 선진국에서 발생한 질병은 개발도상국으로 쫓겨나고, 거기서 비극을 되풀이한다. 그 대신 문명국에서는 전혀 다른 질병군에 해당하는 심장병, 각종 암, 환경 병, 정신병으로 수많은 사람이 죽어 간다. 거기다가 질병은 인간의 육체적, 정신적 고통으로 그치지 않고 엄청난 경제적 손실을 동반한다. 국가가 망하기도 한다. 그래서 전쟁과 빈곤과 질병은 인간이 짊어진 세 가지 원죄라고 말한다.

인간의 역사는 질병의 역사이기도 하다

질병의 시작과 원인은 여러 가지 측면에서 분석할 수 있다. 첫째, 인간의 질병은 농경사회와 함께 출발했다. 사람들이 모여 살다 보니 병이 생기게 되고, 이는 곧 서로에게 옮겨 가게 되었다. 특히 주거환경이 가장 큰 요인이었다. 집은 사람들을 외부의 위험으로부터 보호해 주는 역할도 했지만, 환기가 잘되지 않는 구조로 인해 여러 가지 병을 발생시키기도 했다.

둘째, 동물을 집에서 키우면서 질병이 많아졌다. 많은 전염병이 동물에게서 기원한다. 소(우두), 돼지, 개, 조류(닭과 오리, 철새), 그리고 최근에는 고양이가 병을 전염시키고 있다. 몇 해 전, 전 세계를 초긴장 상태로 몰아넣었던 중동호흡기증후군인 메르스는 낙타로부터 전염된 것이었다. 또한 부끄럽게도 인간의 욕심이 질병을 부르기도 한다. 채식 동물에게 고기 섞은 사료를 먹이므로 '유전자 변종'을 통한 병을 만들어 내고 있다. 그동안 수없이 많은 사람의 목숨을 앗아간 천연두, 인플루엔자, 결핵, 말라리아, 페스트, 홍역, 콜레라 등은 동물의 질병에서 변종이 된 것이다. 이런 질병들이 무서운 것은 매우 신속하게 전파된다는 점이다.

셋째, 흉년과 기근이 전염병을 가져온다. 흉년이 들어 들판에 먹을 것이 부족하면 쥐들이 사람 사는 집으로 접근한다. 그러면서 쓰레기를 뒤지게 되고, 그 과정에서 병을 옮긴다. 흑사병이 중국에서 유럽으로 확산된 것도 쥐들의 영향이다. 쥐 떼가 먹을 것을 찾아 사람보다 먼저 국경을 넘어 세계 곳곳으로 퍼져 나갔고, 그로 인해 전염병이 확산되었다.

넷째, 전쟁이 질병을 퍼뜨린다. 전쟁으로 갑작스럽게 많은 사람이 죽게 되면, 세균이 번식하여 전염병을 발생시킨다. 전쟁과 함께 인류의 대이동 또한 질병을 퍼뜨리는 중요한 요인이다. 특히 21세기에 이르러 수많은 사람이 세계를 여행하면서 전염병을 한순간에 전 세계로 확산시키고 있다. 2019년도 통계를 보면, 하루에 비행기 205,468대가 사람들을 전 세계로 실어 나른다고 한다.

다섯째, 도시의 발달과 그에 따른 후유증이다. 사람이 좁은 공간에 많이 모이다 보니 각종 질병이 발생할 수밖에 없다. 도시화의 가장 큰 병폐는 오수와 쓰레기 문제이다. 중세시대 때 전 유럽에 흑사병이 퍼진 것은 도시의 발달과 함께 공중위생이 완전히 무너졌기 때문이다. 특히 아파트가 밀집한 지역이 온갖 질병을 유발했다. 역사적으로 보면, 비위생적인 지역에서 전염병이 많이 발생했다.

여섯째, 인간의 욕심과 부도덕이 질병을 만들어 내고 있다. 사람들이 윤리를 떠나 살면서 각종 성병이 등장하게 되었다. 또한 짧은 시간에 생산 효과를 높이려는 인간의 탐욕이 무서운 재앙을 초래하고 있다. 소나 돼지, 닭을 최단기간에 키워서 방출하고, 또 밤새도록 조명을 켜서 닭이 24시간 알을 낳도록 하는 자연을 거스르는 행위들이 병을 생산하고 있다. 채소도 마찬가지이다. 생산량을 늘려서 더 많은 돈을 벌려는 인간의 욕심이 유전자 변종을 일으키고 있다. 인간 스스로가 병의 원인을 만들며 살아가고 있는 것이다. 이런 점에서 보면 이 같은 질병들은 인재이다.

중세 유럽에서는 여성들이 몸매를 날씬하게 가꾸려고 코르셋을 착용하면서 여러 병을 얻게 되었다. 코르셋은 18세기 유럽 여성들을 괴롭혔던 우울증, 실신, 경련 등의 주된 요인이다. 몸을 조이다 보니 혈액순환 및 호흡에 어려움을 가져와 다양한 장애와 질병이 생겼다. 또한 옷을 많이 껴입음으로 공기가 통하지 않아 세균이 서식하기도 했다.

일곱째, 현대화가 더욱 심각한 불치병을 초래하고 있다. 전기의 발달은 어둠을 밝혀 주었고, 밤에도 다양한 활동이 가능하게 만들었다. 그러다 보니 많은 사람이 낮과 밤을 바꿔 살고 있다. 생체리듬에 역행하는 '야간생활'은 몸의 면역력을 떨어뜨려 몸을 약하게 만들었고, 그래서 소위 '현대병'이라 불리는 병들이 등장하게 되었다.

이 같은 질병의 역사 속에서 질병을 치료하고 예방하는 역할을 가장 주도적으로 해 온 것이 기독교이다. 기독교는 환자의 치유, 그리고 예수 그리스도의 속죄 은총과 복음으로 세상에 다가왔다. 기독교 복음은 육체적 질병뿐만 아니라 가난한 자, 약한 자, 고통받는 자의 정신적인 문제까지 모두 해결해 주고 있다.

오직 십자가의 은총만이 우리를 살린다

이사야서 53장은 예수님의 치유 은총 메시지이다. 53장 말씀 그대로 예수님은 인간의 질고를 해결해 주기 위해 이 땅에 오셨다. 그분은 인간의 죄로 인해 발생한 모든 고난과 불행으로부터 우리를 구원해 주시려고 우리를 대신하여 죗값을 치르셨다. 이것이 십자가의 은혜이다.

미국의 저명한 신학자 켐벨 몰간(Campbell Morgan)은 "이사야 53장은 예수 그리스도의 초상화다"라고 말한다. 독일의 신학자 델리취(Franz Delitzsch)는 "이사야 53장은 골고다 십자가의 현장이다"라고 말한다. 또한 종교개혁자 칼빈(John Calvin)은 "이사야 53장은 예수 그리스도의 이력서다"라고 말한다. 그만큼 이사야서 53장이 품고 있는 메시지는 강력하다.

구약시대 최고의 예언자 이사야는 예수님의 십자가 치유를 아주 실제적으로 설명하고 있다. 한마디로 예수님은 우리의 질고를 대신 지시고, 고쳐 주시는 분이다. 이사야서 53장은 세 번(3, 4, 10절)에 걸쳐 인간의 질고를 져 주시는 예수님의 치유 은총을 강조한다. 예수님은 죄인인 우리를 대신하여 십자가에 못 박혀 죽으심으로 우리의 질고, 즉 질병의 고통을 담당하셨다.

본문 말씀을 메시지 성경으로 보자.

그러나 그는, 질고를 짊어지고 가는 사람이었다. 우리의 고통, 우리의 추함, 우리의 모든 잘못을. 우리는 그가 제 잘못 때문에 저렇게 되었다고, 자기 잘못 때문에 하나님께 벌을 받는 것이라고 생각했다. 그러나 실은, 우리의 죄 때문이었다. 그가 찢기고, 깨지고, 밟힌 것은, 우리의 죄 때문이었다! 그가 벌을 받아들였기에 우리가 온전해졌고, 그가 입은 상처를 통해 우리가 치유를 받았다. 우리는 길 잃고 방황하는 양들같이 다 제멋대로 제 갈 길로 갔지만, 하나님은 우리의 모든 죄, 모든 잘못을 그에게 지우셨다. 그에게. (사 53:2-6, 메시지성경)

하나님은 우리를 구원하시려고 예수님께 우리의 모든 죄를 넘기셨다. 이것이 십자가의 사랑이고, 십자가의 은혜이다. 성경은 예수님이 우리의 죄가 가져다준 고난을 대신 짊어지셨음을 이사야의 말을 통해 선포한다.

그가 우리의 아픔을 당하셨고, 우리의 질병을 짊어지셨다. (마 8:17, 메시지성경)

그런데 예수님은 단순히 육체의 질병만 고쳐 주시는 것이 아니다. 예수님의 치유는 전인적인 차원에서 이루어진다. 마음에 고통이 있는 사람들을 고통으로부터 건져내 주시고, 그 아픔을 싸매 주신다.

'치유'의 축복은 십자가 구원의 중요한 부분이다. 십자가는 모든 것을 치유한다. 이 땅에서 살아가는 동안 육체적인 질병과 영적인 상처, 그 외 온갖 문제와 고통들이 우리를 힘들게 한다. 예수님은 이 고통들로부터 우리를 해방시켜 주신다. 우리의 잘못, 우리의 허물, 우리의 죗값, 내면의 아픔과 상처, 영혼의 고통, 슬픔까지도 예수님이 다 담당해 주신다. 세상 속에서 그리스도인으로 살아가기 위해 발버둥치는 우리의 모든 수고를 아시고, 오직 십자가 보혈의 은총으로 치유해 주신다. 따라서 우리는 날마다 더욱더 예수님의 십자가 은총을 간구해야 한다.

다시 십자가 앞으로 나아가야 한다

최근 들어 인간은 너무나 교만해졌다. 21세기에 들어 포스트모더니즘이란 이름 아래 하나님의 절대성을 부정하고 상대주의로 흐르다가, 요즘은 각자가 생각하는 대로 살아가고 있다. 인간 개개인이 모두 신이 되어 버렸다. 눈에 보이지도 않는 바이러스 하나에 맥을 못 추는 존재면서, 인간은 여전히 기고만장하다.

다시 처음으로 돌아와야 한다. 하나님 앞에 나와 엎드려 회개하고, 오직 십자가 은총만 붙잡아야 한다. 나를 대신하여 십자가에서 보혈을 흘리신 예수님만을 바라보며 살아야 한다.

2천 년 전, 예수님을 재판했던 로마 총독 빌라도는 정치적인 이유로 예수님에게 유죄를 선언했다. 그러나 양심이 있었던 그는, 이런 고백을 남긴다. "이 사람을 보라"(요 19:5). 어떤 의미일까? 예수님은 세상 죄를 대신 지신 '희생양'이라는 뜻이다.

세례 요한은 일찍이 이렇게 선언했다.

보라, 세상 죄를 지고 가는 하나님의 어린 양이로다. (요 1:29)

나의 죄를 용서하시고, 나를 멸망에서 구원해 주시려고 예수님은 희생양이 되어 주셨다. 우리는 하나님의 어린양 되시는 그 예수님을 믿고 살아야 한다.

예수님의 보혈의 십자가 은총은 오늘도 유효하다. 아무리 인간의 죄가 깊어도, 예수님의 십자가 은총은 여전히 유효하다. 따라서 우리가 회개하기만 하면, 우리가 돌이키기만 하면, 우리가 하나님 앞에 나오기만 하면,

우리가 십자가를 붙들기만 하면, 그분은 용서해 주신다. 그분은 우리를 구원해 주시고 치유해 주신다.

우리가 믿어야 할 대상은 인간의 질고를 근본적으로 해결해 주시는 예수님뿐이다. 오직 그분의 긍휼과 은혜를 구해야 한다. 나도 질병의 치유를 위해 다섯 가지 제목으로 간구하고 있다. 첫째, 하나님께 영광을 돌리게 하소서! 둘째, 교회 부흥의 방편으로 써 주소서. 셋째, 교우들에게 위로와 용기를 심어 주며, 희망 모드가 되게 하소서. 넷째, 가족들에게 행복을 안겨 주게 하소서. 다섯째, 사명을 다하게 하소서.

최근 미국에서 부흥사역자로 활동하고 있는 토미 테니의 아버지(T. F. Tenney)의 간증이다.

"예수님의 십자가 보혈은 오늘도 우리를 보호합니다. 승리하게 합니다. 우리에게 새 능력을 줍니다. 우리의 죄를 용서해 줍니다. 우리의 질병을 치유해 줍니다. 우리의 불행을 종식시켜 줍니다."

그러므로 예수님의 보혈을 자주 선포하기를 바란다. 병들었는가? 십자가 보혈의 능력을 주장하라. 두려움에 빠져 있는가? 십자가 보혈의 은총을 선포하라. 놀라운 기적이 일어날 것이다. 오직 예수님의 십자가를 붙들고, 십자가 보혈의 능력으로 승리하며 살아가기를 축원한다.

Q. 자신감이
떨어질 때

당신 안에 있는
예수님의
부활 능력

고린도전서 15:1-8

Q. 자신감이 떨어질 때

당신 안에 있는
예수님의 부활 능력

고린도전서 15:1-8 | 현대어성경

●

¹형제들이여, 이제 나는 전에 여러분에게 전해 준 바로 그 복음의 참뜻을 다시 여러분에게 일깨워 드리려고 합니다. 여러분은 이 복음을 기쁨으로 받아들였고 지금도 굳게 지키고 있습니다. 그것은 여러분의 신앙이 이 놀라운 복음 위에 바로 서 있다는 증거입니다. ²만일 여러분이 이 복음을 처음부터 되는 대로 믿었다면 몰라도 그렇지 않고 한마음으로 굳게 믿어 왔다면 여러분은 이 복음으로 구원을 받을 것입니다. ³나는 먼저 내가 전해 받은 것을 여러분에게 전하였습니다. 그것은 그리스도께서 성경에 기록된 대로 우리의 죄를 위해 죽으시고 ⁴무덤에 묻히셨다는 것과 또 예언자들이 말한 대로 사흘 만에 무덤에서 다시 살아나셨다는 사실입니다. ⁵그리스도께서는 게바에게 나타나신 후에 다시 열두 제자에게 나타나셨습니다. ⁶또 한 번은 500명이 넘는 그리스도인 형제들에게 나타나셨는데 그들 가운데 죽은 사람 몇 명을 빼고 대부분은 아직도 살아 있습니다. ⁷그리스도께서는 또 야고보에게 나타나셨고 나중에는 모든 사도 앞에 나타나셨습니다. ⁸그리고 맨 마지막으로 팔삭둥이 같은 나에게도 나타나셨습니다.

●

지난봄, 집 앞을 산책하다가 콘크리트 바닥을 뚫고 피어오른 민들레꽃을 보았다. 그 두꺼운 콘크리트 사이로 민들레꽃이 피어 나오다니, 참 놀라운 일이다. 두 송이가 함께 핀 모습이 아름다워서, '파트너 꽃'이라고 이름을 지어 주었다. 또 다른 곳에서도 민들레꽃을 보았다. 척박한 땅인데 세 송이가 피어 있었다. 세 송이가 붙어 있기에 '삼위일체 꽃'이라고 이름을 지었다. 민들레를 좋아한다. 그래서 길을 가다 민들레를 보면 걸음을 멈추고 나지막이 불러 본다. "민들레야, 민들레야."

노란색 민들레는 서양에서 들어온 꽃이다. 우리나라 토종 민들레는 꽃이 하얗다. 민들레는 어떤 악천후에도, 어떤 시련 속에서도 거뜬히 살아나는 놀라운 생명력을 가지고 있다. 이해인 시인은 민들레의 생명력과 복원력을 이렇게 우아하게 표현한다. "땅에서, 하늘에서 다시 피는 민들레". 힘찬 복원력과 고결함, 우아함이 우리 민족의 정신과도 비슷하다.

민들레를 연구해 보니 그 약효가 대단하다. 『동의보감』에 아주 상세하게 소개되어 있는데, 간 기능 향상, 염증 완화, 항암 작용, 청열 해독, 소화 기능 향상, 호흡기질환 완화, 항산화 효과 등 한두 개가 아니다. 한의학에서는 민들레를 '포공영'(蒲公英)이라고 하여 약재로도 사용한다. 민들레 줄기와 잎으로 즙을 만들어 마시면 사람의 성품에 아홉 가지 덕성을 형성해 준다고 하니, 참 대단한 식물이다.

그런데 이 모든 것이 민들레의 생명력 덕분이라고 한다. 양의에서도 민들레의 약효는 인정한다. 독일에서는 '미슬토'라는 주사를 개발하여 전 세계 수많은 암환자의 치료에 사용되었다.

그래서 이런 말이 있다. "민들레는 벚꽃을 부러워하지 않는다." 봄이 되면 많은 사람이 벚꽃을 찾고 좋아하는데, 그 화려한 벚꽃은 오래가지 않다.

바람이 불고 비라도 내리면 아름다운 꽃나무는 금세 그 잎들을 떨군다. 그러나 민들레는 비바람이 불어도 꿋꿋하게 살아남는다. 그래서 민들레는 벚꽃을 부러워하지 않는다. 자신의 강한 생명력에 대한 긍지를 가진 것이다.

나는 우리가 민들레 같은 생명의 사람이 되기를 소원한다. 예수님은 우리에게 놀라운 부활의 능력을 불어넣어 주셨다. 그러니 우리는 아무리 짓밟혀도 다시 살아나고 회복하는 하늘의 능력을 지닌 자들이다.

종교개혁자 마틴 루터(M. Luther)는 고난의 승리자답게 이런 멋진 말을 한다.

"하나님은 소생하는 풀잎마다, 피어나는 꽃잎마다 부활의 약속을 새겨 놓으셨다"(Our God has written the promise of resurrection in every leaf in springtime).

이처럼 예수님은 우리에게 놀라운 부활 능력을 선물로 주셨다. 그래서 일곱 번 넘어져도 여덟 번째 다시 일어날 수 있다. 그렇다면 내 안에 있는 부활의 능력은 구체적으로 어떤 복일까?

예수님의 부활 능력은 강력한 힘이다

본문 말씀 그대로 예수님은 죽은 지 사흘 만에 다시 살아나셨다. 죽음을 몰아내는 강력한 생명의 힘으로 살아나셨다. 생명의 능력으로 죽음의 세력을 거뜬히 이기셨다.

한 신학자가 이를 참 쉽게 설명하기를, "사실 예수님은 요셉이라는 사람의 무덤을 딱 사흘 동안 빌려 쓰고 죽음을 끝내셨습니다"라고 했다.

사도행전 2장 24절을 유진 피터슨(E. Peterson)은 이렇게 멋지게 표현한다. "죽음은 그분의 상대가 되지 못했습니다"(Death was no match for Him).

맞다. 죽음은 예수님의 적수가 될 수 없다. 우리가 이 같은 신앙의 역동성을 가지고 살기를 바란다. 물론 살다 보면 고난이나 아픔, 슬픔이 있을 수 있다. 하지만 부활의 능력을 가지고 살아가는 이에게는 그 어떠한 것도 문제가 되지 않을 줄 믿는다.

독수리는 까마귀가 달려들어도 싸우지 않는다. 상대가 안 되기 때문이다. 그저 높이 올라갈 뿐이다. 하지만 까마귀는 기압 때문에 독수리가 올라가는 곳까지 오를 수가 없다. 싸우지 않고 이기는 것이다. 이런 믿음의 정체성이 우리 안에 굳건히 서기를 바란다.

이 세상 그 어떤 힘도 예수님의 부활 능력을 누를 수는 없다. 아무리 무거운 돌문도 부활의 능력 앞에서는 힘없이 밀려나고 만다. 사도 바울이 로마서 1장 4절에서 설명하듯이 부활은 이 세상의 어두움과 절망과 죽음을 몰아내는 능력의 상징이다. 따라서 그 능력은 돌무덤 속에 갇힌 예수님의 죽음 상태에서도 복원력을 상실하지 않는다. 바로 이 복을 우리에게 주신 것이다. 우리는 어떤 상황에서도 복원된다. 예수님의 부활 능력은 좌절과 체념의 상태에서도 다시 일어나게 하는 강력한 힘이기 때문이다.

기독교 신앙의 핵심은 십자가와 부활이다. 곧, 죽었다가 살아나는 신앙이다. 넘어졌다가 다시 일어나는 신앙이다. 한마디로 초월적인 복원력이다. 절망에서 희망으로, 어두움에서 밝은 빛으로, 밑바닥에서 정상으로 올라서도록 하는 능력이다. 우리에게는 하나님을 알지 못하는 이들이 갖지 않은 복원력이 있음을 믿기를 바란다.

언젠가 글을 읽다가 다음 시를 보고는 무척 감동을 받았다.

밤은 아침을 이기지 못하고, 겨울은 봄을 이기지 못합니다.
불행은 행복을 이기지 못하고, 절망은 희망을 이기지 못합니다.

그렇다. 그래서 희망의 새아침이 밝아오고, 새 소망의 봄이 오는 것이다. 나의 인생에도 희망의 새아침이 밝아 옴을 믿기를 바란다.

혹시 지금 질병으로 고통받고 있는가? 확실한 것은, 이 세상에서 치료를 받게 되거나 천국에서 치료를 받게 된다는 것이다. 무슨 말인가. 결국 우리는 치료를 받게 된다는 이야기이다. 병으로 아파 죽게 되더라도 우리에게는 확실한 희망이 있다. 강한 몸으로 다시 살아날 것이라는 사실이다. 약한 몸으로 고통스럽게 죽을 수는 있지만 더 이상 아프지 않은 몸으로 회복될 것이다.

최근에 한국밀알선교단의 이사장을 맡게 되었다. 한국밀알선교단은 장애인 전도, 봉사, 계몽을 목적으로 설립된 단체이다. 나는 그곳의 장애인들을 보며 말했다. "천국에 가면 완전한 몸이 됩니다. 더 이상 장애를 가진 몸이 아닌 겁니다."

신체장애가 있는 사람들도 더 이상 불편함이나 고통 없는 완전한 몸으로 변화될 것이다. 예수님처럼 신령한 몸으로 변형될 것이다. 이 같은 사실을 43-44절에서는 매우 역동적으로 표현한다.

비천한 몸을 심지만, 영광스런 몸으로 다시 살아납니다. 또한, 약한 몸을 심지만, 능력 있는 몸으로 다시 살아납니다. 자연적인 몸을 심지만, 신성한 몸으로 다시 살아납니다. (고전 15:43-44, 쉬운성경)

금세기 훌륭한 설교자 R. C. 스프라울(R. C. Sproul)은 예수님의 부활 능력의 승리를 이렇게 멋지게 표현한다.

"Victors, Now and Forever."

그렇다. 우리는 승리한다. 그런데 이 승리는 일시적인 승리가 아니라 영원한 승리이다. 지금과 그리고 나중에도 영원토록 계속될 승리를 믿으며 나아가길 바란다.

예수님의 부활 능력을 내 것으로 삼자

고린도전서 15장은 성경에서 가장 명쾌하게 부활의 능력을 설명한다. 사도 바울 자신이 생생하게 체험하였기 때문이다. 부활의 능력을 체험한 사도 바울은 예수님의 부활 능력을 자신의 것으로 삼으라고 말한다. 추상적인 것으로 막연하게 그리는 것이 아니라 '내 것'으로 만들라는 것이다.

기독교는 생명의 종교이다. 그런데 성경이 말하는 "생명"을 가장 정확하게 번역하는 언어가 무엇인지 아는가? 바로 한국어라고 한다. '생명'(生命)은 살 '생', 명할 '명'이 합해져서 '살아나라고 명령하다'는 뜻이다. 얼마나 역동적인가?

생명은, 성경의 첫 번째 책인 창세기 1장부터 시작한다. 하나님께서 먼지와 흙덩이를 향해 살아나라고 명령하신다. 성경은 '살아나라고 명령하는' 사건들로 가득 차 있다. 흙덩이에 불과했던 인간에게 살아나라고 명령한다. 마른 뼈들에게 살아나라고 명령한다. 절망과 고통 속에 있는 자에게 일어나라고 명령한다. 죽은 나사로에게 살아나라고 명령한다. 그리고 이 명령은 지금 우리에게도 계속된다. 주님은 추상적인 복이 아니라, 살아나는 복, 일어나는 복, 회복하는 복을 주시는 분이다.

성경에는 "살아나라"는 의미가 다양한 표현으로 등장한다. 일어나라, 회복하라, 재기하라, 치유받아라, 번영하라, 흥왕하라, 형통하라, 승리하라, 나으라 등 여러 상황에서 나타난다. 그런데 이 모든 표현이 결국 뜻하는 것은 '생명'이다. 하나님은 우리가 어떤 좌절과 절망에 빠져 있더라도 일어나게 하시고, 살아나게 하시며, 중한 병에서도 낫게 하신다.

꽃이 피어나기까지 꽃씨는 땅속에 묻혀 잠시 멈춤의 시간을 가져야 한다. 그 멈춤의 힘으로 흙무더기를 뚫고 나와 꽃을 피운다. 백무산 시인은 이를 '정지의 힘'이라고 표현한다. 시간을 멈추는 힘이다. 꽃씨가 갖는 정지의 힘이 꽃을 피우듯, 우리도 멈춤의 힘으로 앞을 향해 나아갈 수 있다. 잠시 멈추었다가, 더욱 힘차게 나아가는 것이다. 모든 것이 멈춘 듯한 요즘의 상황이 답답한가? 그러나 이 멈춤으로 인해 우리가 더욱 힘차게 나아갈 수 있음을 기억하기 바란다. 기차를 세우는 힘이 기차를 다시 달리게 해 준다. Stop & Start, Pause & Play다. 일시 정지한 후에 더 힘차게 나아간다.

부활의 능력은 그 어떤 재난과 시련도 극복할 수 있는 힘이다. 따라서 우리는 예수님의 부활 능력을 내 것으로 만들어야 한다. 본문 말씀은 예수님의 부활 능력을 자기 것으로 만드는 만큼 역경과 시련, 절망과 좌절에서도 거뜬히 승리할 수 있다는 확신을 계속 심어 주고 있다(54, 55, 57절). '승리'라는 말을 계속 반복하고 있다. 아무리 몸에 좋은 음식도 구경만 해서는 아무런 효과가 없다. 내 힘이 되게 하려면 음식을 먹어야 한다. 곧 내 것으로 만들어야 한다.

특히 고린도전서 15장의 대미를 장식하는 57절에서는 예수님께서 우리에게 승리할 수 있는 힘을 선물로 주고 계심을 강조한다(the gift our Master, Jesus Christ). 그러므로 우리도 예수님께서 고난에서 승리하신 것처럼 승리자로 살아갈 수 있다.

요즘 사회적 용어가 된 것이 있다. 바로 '자가 격리'이다. 이는 나와 남을 보호하기 위한 행위이다. 그런데 신앙적으로 스스로를 격리시키는 행위는 심각한 영적 침체와 퇴보를 초래한다. '현실도피'는 답이 될 수 없다. 우리에게는 주님이 주신 부활의 능력이 있지 않은가? 현실도피가 아닌 현실돌파의 자세로 당당하게 살아갈 수 있어야 한다.

프랑스 노르망디 해안의 그랑빌이라는 시골 마을에 디올이라는 청년이 살았다. 그의 아버지는 비료를 생산하는 공장을 운영했는데, 바람이 불면 쾌쾌한 거름 냄새가 마을에 흘러들었다. 그럴 때면 사람들은 눈살을 찌푸리며 "디올 냄새가 난다"라고 했다. 어린 아들을 놀리는 사람들의 말과 따가운 시선에 디올의 어머니는 자구책을 마련했다. 악취를 없애기 위해 공장 주변에 꽃을 심은 것이다.

이 디올이 바로 세계적인 패션 브랜드를 만든 크리스챤 디올(Christian Dior)이다. 그는 꽃의 부드러움과 향기를 기초로 여성들이 좋아하는 제품을 만들어 내는 세계적인 디자이너가 되었다. '디올 냄새'는 악취의 대명사였지만, 그 놀림과 불명예가 오히려 세계적인 향수 브랜드를 만드는 계기가 되어 주었다. 악재를 성공의 호재로 바꾼 것이다.

오늘 우리도 지금의 고난을 영광으로 바꿀 수 있다. 누군가의 말처럼 하나님은 우리에게 best(가장 좋은 것)를 주시려고 잠시 test(시험)를 하신다. 그러니 고난을 만날 때, test 다음에는 반드시 best가 있음을 기억하기 바란다. Test to Best이다.

훌륭한 선교사였던 허드슨 테일러(James Hudson Taylor)는 "우리의 모든 어려움은 하나님의 은혜와 능력, 그리고 사랑을 만나는 정거장이다"라고 말했다. 고난의 현장은 곧 하나님을 새롭게 만나는 장소가 된다는 의미이다. 참 멋진 표현이 아닌가?

예수님의 부활 능력은, 어떤 역경도 극복할 수 있고, 어떤 시련도 이길 수 있는 강력한 힘이다. 성경은 그 부활의 능력을 내 것으로 만들며 살아가라고 이야기한다. 그 부활의 능력이 우리를 승리로 인도할 것이기 때문이다. 평범한 정상(正常)으로 돌아가는 정도가 아니라, 축복의 정상(頂上)으로 올라설 수 있다.

매일 아침 자신에게 선포하라. "내 안에는 예수님의 부활 능력이 있다!" 그 믿음의 선포가 평생의 고백이 되기를 바란다.

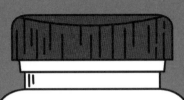

Q. 낙심이 지속될 때

**연전연패에서
연패연전** 連敗連戰
신앙으로

잠언 24:16

Q. 낙심이 지속될 때

연전연패에서
연패연전(連敗連戰) 신앙으로

잠언 24:16 | 현대인의 성경

●

¹⁶의로운 사람은 일곱 번 넘어져도 다시 일어나지만 악인은 단 한 번의 재앙으로도 쓰러지고 만다.

●

19세기 초 중국 청나라는 아편전쟁의 후유증으로 '태평천국의 난'이 일어났다. 반란군의 세력이 하루가 다르게 커져 황제가 보낸 토벌군은 연전연패(連戰連敗)하였다. 토벌군은 계속 밀리고, 광저우에서 시작한 반란군이 남경까지 장악했다.

이런 절체절명의 위기에서 황제는 유능한 관료인 '증국번'이라는 장수를 토벌군 지휘관으로 임명했다. 그러나 그 역시 반란군을 물리치지 못하고 계속 패했다. 그런데 놀랍게도 황제는 군대 지휘관을 교체하지 않았다. 왜냐하면 그에게서 이런 제목의 편지가 왔기 때문이다. "연패연전"(連敗連戰). 곧, '계속 지고 있지만 계속 싸우고 있습니다'는 집념과 투혼의 보고서였다.

지금까지의 모든 장수가 보낸 '연전연패', 곧 '계속 싸우고 있지만 계속 패배하고 있다'는 좌절에 가득 찬 보고서와는 매우 상반된 것이었다. 황제는 증원군을 더 보냈고, 결국 승리로 이끌어 주었다. 자그마치 14년이 걸린 일이었다.

당신에게 있는 것은 '연전연패'의 좌절인가, 아니면 '연패연전'의 투혼인가?

한 후배 직장인이 선배에게 묻는다.

"선배님, 일을 '열심히' 하는 게 중요할까요, '잘하는' 게 중요할까요?"

선배는 뭐라고 대답했을까? 그의 대답이 명언이다.

"'오래' 하는 게 더 중요합니다."

그렇다. 어느 곳에서든 '계속하는 힘'을 가진 자가 롱런한다. 좋은 약은 오랜 시간을 들여 정성껏 달여서 만들어지듯이, 실력도 오래오래 연마해야 느는 법이다.

최근 통계에 의하면, 우리나라 신입사원 10명 중 4명이 1년 안에 회사를 그만둔다. 그리고 신입사원 100명 중 0.8명만이 임원으로 승진하는데, 임원이 되기까지 평균 24년이 소요된다고 한다. 그런데 임원으로 승진하는 사람은 어떤 어려움과 불리함을 만나도 뚝심과 투혼으로 버티며, 최선을 다하여 자신의 미래를 구축해 나간다.

어린아이들이 걸음마를 배울 때 넘어지고 일어나는 것을 약 2천 번 정도 반복한다고 한다. 하나님이 우리가 어렸을 때 수를 세고 셈을 할 수 있는 능력을 주지 않으신 것은 감사한 일이다. 만약 계산을 할 수 있었다면, 2천 번이나 넘어졌다 일어났다 반복하는 일을 하지 못했을 것이다. 열댓 번 하다가, '에이 그냥 앉아서 살지' 하고 체념하지 않았겠는가? 그러니까 '더 많이 넘어질수록 더 많이 일어선다'는 말은 꽤 맞는 말이다.

요즘같이 어려울 때일수록 이런 칠전팔기의 신앙이 필요하다. 그래서 더욱 본문 말씀이 시사하는 바가 크다.

의로운 사람은 일곱 번 넘어져도 다시 일어나지만, 악인은 단 한 번의 재앙으로도 쓰러지고 만다. (현대인의 성경)

성경에서, 특별히 구약에서 말하는 '의인'(의로운 사람)과 '악인'의 구분 기준은 도덕이나 윤리가 아닌 '하나님을 믿느냐 아니냐'이다. 신앙으로 사는 사람이 의인이다. 그리고 의인에게는 일곱 번 넘어져도 다시 일어나는 역동성이 있다.

믿음의 사람은 다시 도전한다

본문에 나타난 '일곱 번'이란 표현은 중요하다. 숫자 7은 성경에서 완전 숫자이다. 따라서 일곱 번 넘어졌다는 것은, 완전히 망한 것이다. 한마디로 끝장이 난 것이다. 그런데 의인은, 곧 믿음으로 사는 사람은 다시 일어선다. 투혼의 신앙으로 마치 거대한 군함처럼 인생의 어려움을 헤쳐 나간다. 복원력, 회복력이 강한 것이다.

내게도 실패의 경험이 있다. 교회를 개척했는데, 소위 말아먹었다. 나는 한 번이었지만, 이런 실패가 두 번, 세 번 네 번… 일곱 번이나 계속됐다고 생각해 보라. 사람들이 얼마나 손가락질을 하겠는가. "저 사람 목사 될 사람이 아니야!" 하지 않겠는가. 그러나 성경은 말한다. 그럼에도 믿음으로 버티는 자는 하나님이 일으켜 주신다고 말이다. 주저하지 않는 신앙, 포기하지 않는 불굴의 믿음을 요청하고 있는 것이다.

본문은 하나님을 경외하며 믿음으로 사는 사람도 자그마치 일곱 번씩이나 실패할 수 있음을 시사한다. 신앙의 사람도 하는 일마다 잘 안될 수 있다는 것이다. 그런데 여기서 중요한 것은 실패가 아니라, 여전히 계속해서 다시 도전하는 신앙이다. 특별히 요즘처럼 변수와 굴곡이 많은 시대적 상황일수록 오뚝이처럼 칠전팔기하는 자세가 필요하다.

성공하는 사람은 IQ가 높은 것이 아니라, 역경지수(Adversity Quotient)가 탁월하다. 우리나라의 위대한 식물학자 우장춘 박사는 자신의 책상 앞에 이런 좌우명을 써 붙였다.

"밟히면서도 피어나는 민들레같이!"

그런 마음으로 수많은 불가능에 도전하여 성공한 것이다.

오늘날이야말로 이런 야인정신(野人精神)을 가져야 할 때이다. 야성이 부족한 채로 온실 안에서만 활동하다 보니 작은 일로도 쉽게 패배의식을 갖고, 자포자기하며, 마치 옛날 궁중의 내시(內侍) 비슷한 사람이 되기 쉽다.

축구선수로는 최악의 조건인 평발로 타고난 박지성 선수가 2002년 월드컵 축구 경기 때 병원으로 진료를 받으러 갔다. 그를 알아보지 못한 의사는 그의 발을 보면서 이렇게 진단을 내렸다.

"당신은 평발이라 달리기를 할 수 없습니다."

함께 갔던 친구가 지금 진찰받고 있는 사람이 국가대표 팀에서 가장 많이 뛰는 박지성 선수라고 말하자 의사는 박지성을 "장애를 극복한 승리자"라고 표현한다. 박지성은 축구선수로서는 장애 요소일 수 있는 평발을 가지고도 세계적인 스타로 활약하였다. 그야말로 역경을 경력으로 반전시킨 인간 승리자이다.

티베트에서는 아이가 태어나면 바구니에 넣어 둔다고 한다. 그리고 아이가 울기 전까지는 아무것도 주지 않고 방치해 두다가 아이가 울기 시작하면 비로소 아이의 탄생을 인정한단다. 지정학적으로 공기가 희박한 고원지대 티베트에서는 울게 내버려 두어야 폐를 발달시킬 수 있기 때문이다. 어린아이 때 충분히 울어야 폐가 튼튼해진다는 것이다.

기독교는 역설의 신앙이다. 없는 것도 있게 만든다고 주장한다. 약한 것이 강함이라고 말한다. 죽어야 산다고 한다. 특히 일곱 번 넘어져도 다시 일어나게 한다. 그런데 이것은 성공하는 사람들의 공통적인 자세와도 통한다. 그들은 회복력이 강하다. 자신이 하는 일에 대한 열정뿐만 아니라, 끈기도 대단하다. 그들은 포기에 익숙하지 않고, 끈기에 익숙하다.

믿음의 사람은 낙심하지 않는다

우리나라는 복잡한 국제정세 속에서 고린도후서의 말씀처럼 오랫동안 사방으로 욱여쌈을 당하고 있다. 미국과 중국은 서로의 발목을 잡기 위해 남북문제를 이용한다. 이런 상황에서 우리가 해야 할 일은 오직 하나님의 도움과 은혜만을 의지하는 것이다. 어떤 불가항력적 상황에서도 겁먹지 말자. 위축되지 말자. 하나님은 그 어떤 여리고성도 무너뜨려 주신다.

한국교회가 기도하면, 한국 그리스도인들이 믿음으로 기도하면, 역사의 주관자이신 하나님께서 일하실 줄 믿는다. 미국과 중국이 인간의 눈으로 볼 때는 난공불락의 강대국이지만, 하나님의 시각에서는 가짜 바위에 불과하다. 옛날 바벨론 시대에 느부갓네살도 얼마나 기고만장했는가. 패권을 움켜쥐고는 자신만만했다. 그러나 하나님은 그를 하룻밤에 소처럼 풀 뜯어 먹는 존재로 바꾸셨다. 역사는 하나님 손에 달려 있다. 그 사실을 잊지 말기를 바란다.

일반적으로 성공하는 사람들에게는 세 가지 좌우명이 있다고 한다. 첫째, 절대 낙심하지 않는다. 둘째, 반드시 끝까지 해낸다. 셋째, 결코 희망을 포기하지 않는다. 나도 삶의 현장에서 사투를 벌이고 있다. 쉽지 않지만, 그래도 희망을 포기하지 않는다. 이 병원 저 병원 가 보고, 이 의사 저 의사 만나 보면 오히려 낙심이 찾아올 수 있다. 그러나 낙심하지 말라는 말씀을 붙들고 믿음으로 나아간다. 별의별 이야기를 다 들어도 낙심하지 않는다. 내 인생은 하나님 손에 달려 있음을 알기 때문이다.

사도 바울은 인생의 수많은 소용돌이에서도 자신이 얼마나 역동적으로 살아가고 있는지 힘차게 선언한다. 그는 사방으로 욱여쌈을 당해 사면초가에 놓이는 일을 수없이 경험하면서도 결코 포기하지 않았다. 오늘 우리도 포기에 익숙한 자가 되지 말고, 끈기에 익숙한 사람이 될 수 있기를 바란다. 우리는 포기를 포기시키는 자가 되어야 한다. 포기를 포기할 때, 우리는 이미 승리의 궤도에 올라선 것이다.

21세기 다국적 기업으로 자리매김한 월마트를 설립한 샘 월튼(Samuel Moore Walton)의 경영철학은 단순하다. "어제보다 잘하자"(Beat yesterday). 내가 좋아하는 명언과도 통한다. "남보다 잘하려고 하지 말고, 전보다 잘하려고 하자." 퇴보에 익숙하지 말고, 진보에 익숙한 자가 되어야 한다.

발레리나 강수진은 1986년 18살 최연소 나이로 독일 슈투트가르트 발레단에 입단하여 1996년 수석무용수로 등극하기까지 말로 다 할 수 없을 만큼 혹독한 인고의 세월을 보냈다. 많은 사람이 그녀의 발 사진을 보았을 것이다. 처음 그 사진을 보았을 때, 나는 큰 충격을 받았다. 발등의 뼈가 튀어나오고 발톱은 뭉개져 있었기 때문이다. 사람 발이 어떻게 이런 모양이 될 수 있을까 싶었다. 그러니까 그의 실력은, 간난신고(艱難辛苦), 곧 뼈를 깎는 듯한 혹독한 시련을 거쳐 연마된 것이다.

소설가 박상륭에 따르면 아름다움은 '앓음다움'에서 나왔다고 한다. 많은 아픔의 과정을 거쳐 '아름다움'이 이루어진 것이다. 천영희 시인은 아름다움이란 '상처가 피워 낸 꽃'이라고 말한다. 상처를 경험하고 슬픔을 삭인 사람들만이 아름다움을 꽃피우며 살아간다.

따라서 아름다움은 앓고 난 뒤의 '사람다움'이다. 사람은 결국 시련과 역경을 통해서 더욱 사람다워 가는 것이다. 여러 가지 상처가 있는가? 아픔을 겪고 있는가? 하나님이 나를 사람다운 작품으로 빚어 가시는 중이라고 믿기를 바란다. 이것이 승리이다.

잠언 24장 16절 말씀 이전에, 10절 말씀이 매우 역설적이다. 다양한 번역본마다 그 의미가 가슴에 와닿는다.

네가 만일 환난 날에 낙담하면 네 힘이 미약함을 보임이니라. (개역개정)

어려움을 당하여 낙담하는 것은 너의 연약함을 드러내는 것이다. (쉬운성경)

네가 어려움을 당할 때 낙심하면 너는 정말 약한 자이다. (현대인의 성경)

위기에 처했다고 낙담한다면 처음부터 별 볼 일 없는 사람이었다는 뜻이다.

(메시지성경)

그렇다. 작은 일에 쉽게 낙담하는 것은 자신의 약함을 드러내는 것이다. 가벼운 바람에도 흔들릴 만큼 별 볼 일 없는 사람임을 인정하는 것이다. 약한 자에 불과하다.

그러나 우리는 별 볼 일 없는 자가 아니지 않는가? 우리가 누구인가? 예수님의 십자가 보혈로 구원받은 존귀한 자이다. 예수님의 부활 능력을 지니고 사는 자이다. 성령님을 모시고 사는 자이다. 성령의 능력으로 승리하는 자이다. 그러니 값진 자답게 살아가기를 바란다.

잠언 24장 16절에 이르러서는 좀 더 역동적으로 용기를 심어 준다.

의로운 사람은 일곱 번 넘어져도 다시 일어나지만, 악인은 단 한 번의 재앙으로도 쓰러지고 만다.

메시지성경의 번역이 매우 현실적인 공감대를 형성해 준다.

하나님만 믿고 신뢰하며 살아가는 사람은 오래 넘어져 있지 않고, 다시 일어
납니다. (사역)

사람이기 때문에 낙심할 수 있다. 실의에 빠질 수 있다. 간절하게 바라며
애썼던 일이 뜻대로 되지 않았을 때, 괴롭고 때로는 자존심이 상할 수 있
다. 그러나 낙심의 자리에 오래 머물지 말라는 것이다. 하나님이 계시기 때
문이다. 하나님의 사람이 넘어져도 다시 일어나는 것은 바로 그 이유이다.
　하나님을 제대로 신뢰하며 사는 사람은 오래 넘어져 있지 않는다. 회복
력이 빠르다. 우리가 자주 부르는 찬양의 가사처럼, "주님이 나와 함께함을
믿는다면 어떤 고난도 견딜 수" 있다. 예수님은 어떤 고난과 역경에서도 우
리를 다시 일으키시는 분이다. 부활의 능력으로 넘어진 우리를 일으켜 주
신다. 그 부활 은총을 날마다 경험하며 살아가기를 축원한다.

Q. 삶에 답이 없어
답답할 때

정답을 넘어
해답을 찾아
삽시다

시편 118:6-14

정답을 넘어
해답을 찾아 삽시다

시편 118:6-14 | 바른성경

●

⁶여호와께서 내 편이시니, 내가 두려움이 없다. 사람이 내게 무엇을 할 수 있겠느냐? ⁷여호와께서 내 편이 되어 나를 도우시니, 나를 미워하는 자가 망하는 것을 내가 볼 것이다. ⁸여호와께 피하는 것이 사람을 신뢰하는 것보다 낫고, ⁹여호와께 피하는 것이 권세 있는 자를 의지하는 것보다 낫다. ¹⁰모든 민족들이 나를 에워쌌으나, 내가 여호와의 이름으로 그들을 끊었다. ¹¹그들이 나를 에워싸고 에워쌌으나, 내가 여호와의 이름으로 그들을 끊었다. ¹²그들이 벌떼처럼 나를 에워쌌으나, 가시덤불의 불같이 소멸되었고 내가 여호와의 이름으로 그들을 끊었다. ¹³네가 나를 밀어 넘어뜨리려고 했으나, 여호와께서 나를 도우셨다. ¹⁴여호와는 나의 힘과 찬송이시며 내 구원이 되셨다.

●

살다 보면 쉽게 넘기 힘든 문제를 만날 때가 있다. 이때 우리에게 필요한 것은, 다양한 해답을 모색해 나가는 태도이다. 하나의 정답에만 매달리지 않아야 한다. 우리가 그동안 받아 온 학교 교육은 정답 맞히기에만 집중했고, 직장이나 사회에서도 모범답안을 찾아내야 한다는 것이 구성원들 사이의 불문율이었다.

그런데 우리 인생은 공식대로 되지 않는 경우가 많다. 수많은 변수가 존재하기 때문이다. 한마디로 단답형의 문제가 아닌 게 인생이다. 실제로 삶의 현장에는 의외로 정답을 뛰어넘는 해답이 많다. 문제를 바라보는 각도에 따라 다양한 해법이 나온다. 인생은 우리의 생각을 뛰어넘는 복수의 해답으로 가득 차 있다. 그러므로 우리는 정답을 넘어 해답을 찾아야 한다.

널리 알려진 재미있는 이야기가 있다. '코끼리를 냉장고에 넣을 수 있는 방법'에 대한 것이다. 실제로 코끼리를 냉장고에 넣는 것은 불가능한 일이다. 따라서 '넣지 못한다'가 정답이다. 그러나 여기에는 다양한 해법이 있다.

심리학 전공자는 "너는 냉장고에 들어갈 수 있다"를 주입시키는 심리요법으로 코끼리를 훈련하여 덩치가 큰 코끼리도 서커스 곡예사처럼 몸을 움츠려서 냉장고에 들어가도록 한다. 식품공학 전공자는 코끼리를 도축해서 통조림으로 만든 다음 냉장고에 넣는다. 기계공학 전공자는 코끼리보다 큰 냉장고를 개발하는 방법을 찾아낸다. 이처럼 문제를 바라보고 풀어가는 방식에 따라 다양한 해답이 나온다. 인생의 문제들이 마치 정답이 하나인 것처럼 우리를 위축시키지만, 실제로 해답은 다양하다. 정답을 능가하는 해답이 분명 존재한다.

다윗은 정답을 넘어 해답을 찾는 탁월한 신앙을 보여 준다. 블레셋의 장군 골리앗이 이스라엘을 침공하였을 때, 사울 왕과 정부 관료들은 군사 장비, 전투 기술, 용병 전략이라는 정답만 찾느라 맥을 못 추고 있었다. 그때 다윗은 어린 소년이었음에도 불구하고 정답을 넘어 해답을 찾아냈다. 그는 승패에 대한 군사학적 정답 찾기에 얽매이지 않고, 하나님을 중심으로 하는 신앙으로 해답을 찾아낸 것이다.

　이것이 본문의 메시지이다. 시편 118편 저자에 대한 여러 학설이 있으나, 칼빈은 다윗이 쓴 것으로 추정한다. 독일의 종교개혁자 마틴 루터는 시편 118편을 애송한 것으로 알려져 있다. 그는 이 말씀처럼 '오직 믿음'이라는 해법으로 종교개혁을 전개해 나간 것이다.

　예수님께서도 이 시편을 자주 인용하셨다. 예수님께서 마지막으로 예루살렘에 입성하실 때도 이 시편을 원용하여 승리의 노래를 부르셨다(마 21:9).

　시편 118편은 지금 이 시대의 그리스도인들에게도 큰 힘을 준다.

> 여호와께서 내 편이시니, 내가 두려움이 없다. 사람이 내게 무엇을 할 수 있겠느냐? 여호와께서 내 편이 되어 나를 도우시니, 나를 미워하는 자가 망하는 것을 내가 볼 것이다. 여호와께 피하는 것이 사람을 신뢰하는 것보다 낫고, 여호와께 피하는 것이 권세 있는 자를 의지하는 것보다 낫다. (6-9절, 바른성경)

　다윗은 어떤 어려운 상황에서도 신앙으로 두려움을 극복하는 모습을 보여 준다. 그는 사면초가의 위기 가운데서도 결코 낙심하지 않는 영성을 보여 준다. 시편 3편 6절에서는 마치 사자가 포효하듯 외친다.

천만인이 나를 에워싸 진을 치더라도 나는 두려워하지 않을 것입니다.

(바른성경)

이것은 정답이 아니라 해답이다. 우리가 어떤 문제를 풀기 전에 해야 할 일은, 마음의 두려움을 없애는 일이다. 걱정이나 염려 때문에 위축되지 않도록 해야 한다. 그래서 때로는 찬송을 부르는 것이 효과적이다.

당장 내일 무슨 일이 일어날지 모르지만, 우리는 누가 내 미래를 붙잡고 계시는지 확실히 알고 있다. 누구인가? 하나님이시다. 내 인생의 미래는 오직 하나님의 손에 달려 있다. 인간은 부족해서 실수한다. 허점이 있다. 결정적인 순간에 잘못된 판단을 할 수 있다. 그러나 문제는 내가 만들었어도, 해답은 하나님께 있다.

우리는 앞만 보고 달릴 때가 많지만, 우리의 시선을 좀 더 먼 곳에 두어야 한다. 앞과 옆으로만 향하는 눈을 들어 위를 올려다봐야 한다. 인간이 동물과 결정적으로 다른 점이 이것이다. '먼 곳', '높은 곳'을 조망하는 능력이다. 우주선을 타고 먼 우주에서 처음 지구를 바라본 우주비행사들은 지구로 귀환한 후에 인생관이 완전히 바뀌었다고 말한다. 지구상의 그 누구도 경험하지 못한 새로운 관점을 가져 보았기 때문이다. 미국의 작가 프랭크 화이트(Frank White)는 이를 가리켜 '조망효과'(Overview Effect)라고 한다. 작은 부분에 갇히지 않고, 멀리서 전체를 볼 때 얻어지는 효과이다.

어릴 적에는 그렇게도 넓어 보였던 학교 운동장이 나이가 들어 찾아가 보면 아주 좁아 보인다. 그 넓던 집 앞 신작로가 그렇게 좁은 길일 수가 없다. 초등학생의 눈으로 본 세상은 크고 놀라웠다. 그러나 성인이 되어 보면 같은 것도 시시하게 보인다. 시야가 넓어졌기 때문이다. 그러므로 우리는 자주 멀리 봐야 한다. 자주 올려다봐야 한다.

유럽의 성당이나 왕궁의 천장이 높은 이유가 있다. 인간으로 하여금 위를 올려다보도록 하기 위해서이다. 위를 올려다볼수록 하나님을 향한 경외감을 갖게 된다. 현대인들은 하루의 많은 시간을 손바닥만 한 스마트폰 화면에 시선을 가둔다. 이제는 작은 화면에서 고개를 돌려 멀리 보고, 올려다보기를 바란다. 그러다 보면 정답을 넘어 해답을 찾아 살아갈 수 있다.

본문에서 다윗은 정답을 넘어 해답을 찾는 원리를 알려 주고 있다. 그가 말하는 삶의 자세는 무엇일까?

하나님만 신뢰하자

살펴본 대로 다윗은 어떤 위기 상황에서도 하나님만 믿고 의지하는 모습을 보여 준다. 다윗은 '신뢰'(trust)라는 단어를 반복하며(8-9절), 사람을 의지하지 말고 오직 하나님만을 신뢰하며 문제를 풀어 가자고 외친다. 비굴하게 자꾸 사람에게 붙으려 하지 말고, 하나님을 한번 제대로 신뢰하라는 것이다.

여기에 나타난 '사람을 의지하기보다 하나님만 신뢰하는 것이 낫다'는 표현은 다윗의 체험에 근거한다. 다윗이 사울 왕을 피해 유랑생활을 하면서 더 이상 숨을 곳이 없어 궁지에 몰렸을 때, 그는 어쩔 수 없이 블레셋으로 망명한다. 그리고 그곳에서 처절하게 깨닫는다. 사람에게 빌붙을수록 눈치를 보게 되고 비굴해진다는 것을 말이다. 그는 사람에게 아부할수록 자존감이 무너지고 무력해진다는 것을 뼈아프게 체험했다. 그래서 '사람을 의지하기보다 하나님만 신뢰하는 것이 낫다'고 천명하는 것이다.

우리는 시편 118편에서 다윗의 3F 신앙을 감지할 수 있다.

첫째, 두려워하지 말라(Don't fear).

둘째, 낙심하지 말라(Don't faint).

셋째, 하나님만 믿어라(Do the faithful).

추진하는 일이 지연되거나, 쉽게 이루어지지 않을 수 있다. 애절하게 열심히 기도해 왔는데 바라는 대로 되지 않을 수 있다. 그러다 보면 좌절이 찾아와 의기소침해진다. 무력감을 느끼며 약해진다. 낙심한다. 하지만 그럴수록, 힘이 빠지고, 의욕을 상실하게 될수록 더욱 하나님만을 신뢰해야 한다. 조급해하거나 서두르지 말고 오직 하나님만을 붙잡아야 한다.

내가 좋아하는 문장이 있다.

"God's delays are not God's denials"(하나님의 지연이 하나님의 거절은 아니다).

하나님은 우리에게 더 큰 은혜를 주시려고 뜸을 들이시는 것이다. 그러므로 우리는 하나님의 숙성의 은혜, 곧 하나님의 완제품 은혜를 기대해야 한다.

예수님께서도 이런 표현을 자주 하신다. "너희는 믿기만 하라." 기독교는 명사신앙이 아닌 동사신앙이다. 우리를 정적인 상태로 두지 않고 살아 움직이게 한다. 우리 삶의 역사는 우리가 하나님을 신뢰하는 만큼 달라진다. 우리가 하나님을 의지하는 만큼 기적이 일어난다. 예수님은 믿는 자에게 기적이 따라온다고 약속하신다. 이 믿음을 잃지 않기를 바란다.

하나님만 힘입자

다윗은 인생의 수많은 위기의 순간마다 하나님을 힘입어 문제를 풀어 나갔다. 사무엘상 30장 6절을 보면 인생 최악의 상황에서도 다윗은 하나님을 힘입어 어려움을 극복했다. 그렇다. 하나님을 힘입어 사는 자에게는 정답을 넘어 해답이 주어진다. 하나님을 힘입는 자에게는 새로운 길이 열린다.

오늘 당신은 어디로부터 힘을 얻고 있는가? 당신의 건강, 학력, 실력, 경력, 재력인가? 하지만 그것들은 인생의 불가항력적 상황에서 무용지물이 되고 만다. 자녀가 아픈데 당신의 박사학위가 무슨 효력이 있는가? 하나님을 힘입는 것만이 최고의 해법이다.

다윗은 자신이 일상생활에서 얼마나 자주 하나님을 힘입어 살았는지 역력하게 간증한다. 그의 입에는 "여호와의 이름"이 붙어 있다.

모든 민족들이 나를 에워쌌으나, 내가 여호와의 이름으로 그들을 끊었다. 그들이 나를 에워싸고 에워쌌으나, 내가 여호와의 이름으로 그들을 끊었다. 그들이 벌떼처럼 나를 에워쌌으나, 가시덤불의 불같이 소멸되었고 내가 여호와의 이름으로 그들을 끊었다. (10-12절, 바른성경)

이것이 다윗의 문제해결 비법이다. 그가 어린 나이에도 블레셋의 거장 골리앗을 물리친 비결이다. 그는 만군의 여호와의 이름으로 골리앗을 깔끔하게 쓰러뜨렸다.

> 다윗이 대답했다. "너는 칼과 창과 도끼를 가지고 내게 오지만, 나는 네가 비웃고 저주하는 만군의 하나님, 이스라엘 군대의 하나님의 이름으로 나아간다. 바로 오늘 하나님께서 너를 내 손에 넘겨주실 것이다." (삼상 17:45-46, 메시지성경)

절체절명의 순간에서 하나님을 힘입어 승리하는 모습을 다윗은 보여 준다. '하나님의 이름'에는 이처럼 능력이 있다. 우리가 하나님의 이름을 부르는 만큼 우리 안에 새 힘이 차오르고 믿음이 충만해진다. 순간의 짧은 한마디지만, 예수님의 이름으로 부를 때 새 힘이 솟아남을 경험하며 살아가기를 바란다.

10절부터 12절을 살펴보면, 다윗이 세 번 반복하는 단어가 있다. 바로 "끊는다"이다. 이 단어는 할례 용어로서 '잘라 버린다'는 뜻이다. 다윗은 하나님을 힘입어 환란의 세력을 잘라 버렸다. 하나님을 힘입어 불행을 끊어 버렸다.

오늘 우리도 하나님의 능력으로 저주의 세력을 잘라 버릴 수 있다. 병의 세력을 끊어 버릴 수 있다. 잘라내고 끊어지게 하실 수 있는 하나님을 믿으며, 그 하나님을 힘입어 승리의식으로 살아야 한다. 지금 어려움을 겪고 있다면 꼭 기억하기를 바란다. 하나님의 이름을 부르며 승리의 기대를 품자. '내가 이긴다. 나는 잘된다. 나는 낫는다. 나는 병 고침을 받는다. 나는 성공한다. 나는 승리한다. 질병아, 내가 너를 이긴다. 암아, 내가 너를 정복한다. 나는 형통한다. 우리 가정은 축복받는다. 우리 자녀들의 미래 지평 열린다.'

1963년 8월 28일 미국 워싱턴 국회의사당 앞 광장에 20만 명이 모였다. 노예해방 100주년과 링컨의 기념일을 맞아 미국 전역에서 사람들이 온 것이다. 대부분 먼 지역에서부터 걸어온 가난한 흑인들이었다. 그들은 인권과 평등, 참된 자유를 얻기 위해 모였다. 그날 그들이 함께 불렀던 노래가 그들을 승리하게 했다. 20만 명이 함께 부른 합창은 바로 〈We shall overcome〉(우리 승리하리라)이다.

우리 승리하리라. 우리 승리하리라. 우리 승리하리, 그날에.
오~ 참맘으로 나는 믿네, 우리 승리하리라.

다윗은 자신의 실력이 좋아서, 믿음이 좋아서 승리했다고 말하지 않는다. 15절과 16절에서 다윗이 세 번씩이나 반복하는 단어가 있다. 바로 '여호와의 오른손'이다.

의로운 사람의 집에는 기쁜 소리, 구원의 소리가 있으니, 여호와의 오른손이 권능을 행하셨기 때문이다. 여호와의 오른손이 높이 들리시며 여호와의 오른손이 권능을 행하셨다. (바른성경)

"하나님이 나의 오른손이 되어 주신다."

하나님께서 나의 든든한 힘이 되어 주신다는 상징적인 표현이다. 성경에는 하나님의 오른손을 수없이 언급한다. 오른손으로 붙잡아 주신다, 오른손으로 도와주신다, 오른손으로 일으켜 주시고 세워 주신다, 능력과 사랑의 오른손으로 안아 주신다, 오른손으로 인도하신다, 오른손으로 높여 주신다 등. 그렇다. 하나님은 오른손으로 우리 인생에 역사해 주시고, 오른손으로 우리를 축복해 주신다.

변화의 속도가 매우 빠른 시대를 살고 있다. 그러나 하나님의 자녀인 우리는 이 소용돌이 속에서도 정답을 넘어 해답을 찾아가며 살 수 있다. 하나님만을 신뢰하고, 하나님만을 힘입어 사는 만큼 정답을 넘어 해답을 찾아낸다.

그러니 어떤 혼란이 찾아와도 두려워하지 말자. 인생을 가로막는 문제 앞에서 낙심하지 말고, 오직 하나님만 신뢰하고 하나님만 의지하며 살자. 하나님을 힘입어 사는 만큼 놀라운 해답이 주어질 줄 믿는다.

고난은
악이 아니라 약이다

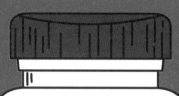

Q. 믿음이 흔들릴 때

기다리는
자의
새 노래

시편 40:1-4

Q. 믿음이 흔들릴 때

기다리는 자의
새 노래

시편 40:1-4 | 메시지성경

●

1-3나, 하나님을 기다리고 또 기다렸더니, 마침내 굽어보시고, 내 부르짖음 들어주셨다. 나를 시궁창에서 들어 올리시고 진흙탕에서 끌어내셨다. 단단한 반석 위에 나를 세우시고 미끄러지지 않게 하셨다. 주께서 새로운 노래, 우리 하나님께 드릴 찬양을 가르쳐 주셨다. 이를 보고 점점 더 많은 사람들이 그 신비 속으로 들어가, 하나님께 자신을 맡긴다. 4하나님께 자기를 내어 드리는 그대, 세상 사람들의 "확실한 것"을 등지고 세상 사람들이 숭배하는 것을 무시하는 그대는 복이 있다.

●

초조하게 결과를 기다려 본 경험이 누구나 있을 것이다. 대학에 원서를 넣은 학생, 취직을 위해 회사에 서류를 보낸 젊은이, 거래처의 결재를 기다리는 사업가 등 기쁜 소식이 오기를 바라며 기다리는 그 시간은 여간 길게 느껴지는 게 아니다.

정기적으로 건강검진을 받을 때도 그렇다. 혹시라도 몸에 이상이 있을까 봐 초조하고, 약간의 이상이 발견돼 정밀검사로 이어지게 되면 더욱 긴장한다. 암 판정을 받은 후에도 이 같은 긴장은 계속된다. 몇 기인지, 전이가 되지는 않았는지 마음을 졸이게 된다. 나도 최근에 3개월 단위로 검사를 하면서, 암이 더 커지지는 않았을까, 또 다른 이상이 발견되지는 않았을까 긴장하며 결과를 기다린다.

시편 40편은 바로 이런 이야기를 들려준다. 다윗은 절체절명의 위기 상황을 맞을 때마다 하나님의 도와주심을 애타게 기다렸다. 실제로 그는 이스라엘의 왕이 되기까지 우여곡절을 거듭한 인물이다.

다윗은 이미 어린 시절에 사무엘 선지자로부터 기름부음을 받았다. 그러나 즉시 왕의 자리에 등극한 것이 아니다. 사울 왕에게 미운털이 박혀 이리저리 피신생활을 하며 십수 년을 기다렸다. 그리고 사울 왕이 죽은 후에야 남쪽 헤브론에서 이스라엘의 2대 왕으로 추대 받았다. 하지만 또다시 7년 반이라는 세월을 기다려야 했다. 그것도 7년 6개월이라는 기간을 알고 기다린 것이 아니다. 하루하루 기다리다 보니 7년 반이라는 세월이 걸린 것이었다. 그는 하나님의 시나리오 속에서 왕이 되었는데도, 헤브론에서 불과 30km 떨어진 예루살렘 도성에 입성하기까지 7년 반을 더 기다려야 했다(삼하 2:11). 그사이에 그는 별별 일들을 다 경험하게 된다.

하지만 어떤 상황에서도 다윗은 서두르지 않고, 하나님의 큰 뜻을 믿었다. 이것이 본문 1절 말씀이다.

> 나, 하나님을 기다리고 또 기다렸더니, 마침내 굽어보시고, 내 부르짖음을 들어주셨다. (1절, 메시지성경)

(I waited and waited and waited for God. At last he looked ; finally he listened.)

다윗이 장구한 세월을 침묵정진으로 기다린 만큼 주님께서 굽어보시고, 그 애환을 들어주셨다고 다윗은 고백한다. 그리고 이어서 이렇게 간증한다.

나를 기가 막힐 웅덩이와 수렁에서 끌어올리시고 내 발을 반석 위에 두사 내 걸음을 견고하게 하셨도다.

아주 생생한 간증이 아닌가? 5절 이후 말씀을 살펴보면 다윗이 하나님의 도우심을 기다리며 견디는 사이에 수를 셀 수 없을 정도로 놀라운 기적들을 체험한 것을 알 수 있다. 그는 사면초가에 처하고, 절체절명의 위기를 수없이 만나면서, 그때마다 절묘하게 도우시는 하나님을 실감나게 경험했다. 그래서 다윗은 자신의 체험을 바탕으로 하나님께 새 노래로 찬양을 드렸던 것이다(3절).

우리도 자신만이 알고 있는 새 노래를 부르기 바란다. 역시 하나님은 살아계시고, 나를 도우시며, 나를 선하게 인도하시고 축복해 주신다는 새 노래가 심령 깊은 곳으로부터 흘러나오기를 바란다. 하나님을 기다리며 사는 자에게 신비한 기적이 따라붙는 역사가 일어날 줄 믿는다.

기다림을 통해 우리를 빚어 가신다

대부분의 사람이 인생 계획을 세운다. 그런데 대부분의 일들은 우리가 바라고 계획한 것보다 늦게 이루어진다. 준비한 것들이 일사천리로 진행되면 좋은데 그렇지가 않다. 어려움을 겪기도 하고, 잠시 멈추어야 할 때도 있다. 우리가 경험하기로 하나님은 때때로 일을 더디게 이끌어 가신다. 다윗의 인생을 봐도 그렇다. 그런데 성경을 관찰해 보면, 하나님은 다윗을 이스라엘의 훌륭한 성군으로 만들기 위해 그가 인고의 시간을 지나게 하신 것을 알 수 있다. 다윗을 오랜 세월 기다리게 하신 것은, 그를 큰 인물이 되게 하시려는 하나님의 계획이었다. 곧, 하나님의 지연훈련(delay discipline)이다.

여기서 기억해야 할 한 가지는, 우리가 기다리는 것 같아도 사실 기다리는 것은 하나님이라는 사실이다. 하나님 편에서 우리가 잘 준비되기까지 기다려 주시는 것이다. 성경은 우리의 인내가 아닌, 하나님의 인내를 주제로 하고 있다.

물론 짧은 기도로 기적을 체험하는 사람도 있다. 그러나 대부분의 사람은 기도가 이루어지기까지 오랜 세월을 기다린다. 이처럼 하나님께는 속성반도 있고, 숙성반도 있다. 바울처럼 한순간에 변화받는 속성코스가 있는가 하면, 아브라함이나 이삭, 야곱, 요셉처럼 오랜 시간을 거치는 숙성코스도 있다. 그런데 하나님은 대부분의 일을 속성이 아닌 숙성으로 이끌어 가신다. 모세도 민족 해방의 비전을 이루기까지 광야에서 40년을 연단받으며 묵묵히 기다리지 않았는가.

그러므로 오늘 우리도 어떤 일이 이루어지기까지는 잠잠히 기다려야 한다. 농부가 추수의 기쁨을 누리려면 가을이 오기까지 기다려야 한다. 여인이 아이를 낳기까지는 열 달을 기다려야 한다. 이런 기다림의 과정을 거치면서, 하나님은 우리를 작품인생으로 빚어 가신다.

작품인생이 되기 위해 필요한 것은 기다림만이 아니다. 흔들림도 겪어야 한다. 우리가 복용하는 물약이나 건강보조식품 설명서에는 이런 글귀가 적혀 있을 때가 많다. "흔들어서 복용하세요." 병을 잘 흔들어서 마셔야 병 안에 있는 좋은 것을 제대로 다 마실 수 있다. 이처럼 하나님도 우리에게 좋은 것을 주시려고 우리의 인생을 잠시 흔드실 때가 있다.

나는 하나님의 복된 섭리를 세 가지 P로 정리하여 가슴에 품고 살아간다. 첫째, 나의 계획(Plans)보다 더 좋은 하나님의 섭리를 믿는다. 둘째, 나의 문제(Problems)보다 더 좋은 하나님의 섭리를 믿는다. 셋째, 나의 기도(Prayers)보다 더 좋은 하나님의 섭리를 믿는다. 하나님의 섭리와 일하심을 향한 신뢰이다.

다윗도 온전히 하나님을 신뢰한 사람이었다. 그래서 이런 확신을 심어 준다.

여호와를 굳게 믿는 사람은 행복한 사람입니다. (4절, 쉬운성경)

여기에 나타난 '굳게 믿는다'는 인생의 어떤 소용돌이에서도 결코 흔들리지 않는 견고한 신앙을 뜻한다.

옛날에 권투 중계방송을 보면서 알게 된 것이 있다. 다리가 흔들리는 사람이 결국 진다는 사실이다. 굳게 서 있기만 해도 이길 수 있다. 영어 표현으로 'stand firm'이다. 인생의 어떤 악천후에도 흔들리지 않고 오직 믿음으로 굳게 설 때, 승리한다.

어떤 신학자가 이런 멋진 말을 했다.

"하나님은 평온한 여행을 약속하지 않으시고, 안전한 착륙을 약속하신다."

여행 중에 고비가 있을 수 있다. 갑작스럽게 돌풍이 불어올 수 있다. 차를 타고 가다가도 여러 불편한 상황을 만날 수 있다. 편안한 여행이 아닐 수 있다는 말이다. 그러나 주님이 우리에게 한 가지는 확실하게 보장하신다. 바로 '안전한 착륙'이다. 우리는 그 약속을 믿고, 인생의 어떤 혼란 속에서도 흔들리지 말고, 신앙적으로 굳게 서야 한다.

신앙 위에 굳게 서서 주님의 도우심을 기다리는 것이 우리가 할 일이다. 이는 그리 막막한 일이 아니다. 하나님은 오늘도 우리의 탄식 소리를 듣고 계신다. 스펄전(Charles Haddon Spurgeon)은 20편 4절을 이렇게 표현한다. "모기 소리 같은 가냘픈 애원도 귀를 기울여 주시는 하나님이시다." 더 이상 기도할 힘조차 없어서 모기소리 같은 신음만 낼 때도, 하나님은 그 소리를 놓치지 않으신다. 그리고 조만간 그 탄식은 탄성으로 바뀔 것이다. 눈물겨운 애원이 흥겨운 새 노래로 바뀔 것이다.

그래서 시편은 우리에게 기다림의 신앙으로 살아가라고 가르쳐 준다.

(5:3) 아침마다 기도하고 기다리자.

(27:14) 여호와의 선한 역사를 기다리자.

(33:20) 하나님의 도우심을 기다리자.

(37:7) 하나님 앞에서 잠잠히 참고 기다리자.

(38:15) 하나님의 응답하심을 기다리자.

(130:6) 보초병이 아침을 기다림같이 주님의 긍휼을 기다리자.

기다림의 영성을 강조하는 것이다

시편 40편은 시작과 끝매듭의 운율이 감미롭다. 아름다운 대칭을 이룬다. 다윗은 하나님께서 응답해 주시는 은총의 날을 기다리며 살면서도, 이렇게 하나님의 마음에 족쇄를 거는 기도로 마무리한다.

하나님이시여, 저는 매우 가련하고 불쌍한 자이오니, 너무 지체하여, 부디 오래 기다리지 않게 하소서. (17절, 사역)

다윗은 지극히 인간적으로 하나님께 하소연하는 진솔한 기도를 드린다. "주님, 저는 아무런 힘이 없는 가련한 자입니다. 그리고 주께서는 저를 생각해 주시고, 도와주시며, 지금과 같은 위기에서 건지시는 분입니다. 그러니 나의 하나님이시여, 지체하지 말아 주소서!"

다윗처럼 기도하기를 바란다. 이 고통과 어려움이, 이 고난이 너무 오래 지속되지 않도록 도와달라고 애원하며 간청하기를 바란다. 예수님은 누가 복음 18장 8절에서 우리의 한 맺힌 기도를 하나님은 신속하게 풀어 준다고 보장하신다.

하나님의 뜻은 반드시 이루어진다

구약성경 하박국 2장 3-4절 말씀이 매우 역설적이면서도 역동적인 신앙생활의 원리를 가르쳐 준다.

비록 더디게 이루어지는 것처럼 보일지라도 참고 기다려라. 반드시 이루어진다. 무한정 미루어지지 않는다. 그러니 오직 믿음으로 살아가는 자가 되어보라. (사역)

하나님의 계획은 반드시 이루어진다는 확신의 메시지이다. 비록 오래 걸리는 듯하지만, 그분의 가장 정확한 때에, 기필코 이루어진다는 선언이다.

요즘 어떤 일로 답답하고 초조한가? 여러 가지 힘든 일이 겹쳐 한계 상황에 놓여 있는가? 더는 견디기 힘들 것 같아서 포기하려고 하는가? 다윗이 들려주는 기다리는 자가 부르는 새 노래를 기억하라.

"여호와를 굳게 믿는 사람은 행복한 사람입니다."

기독교의 핵심은 기다림의 신앙이다. 그래서 신학의 절정은 종말론이다. 우리가 언제 어떻게 이루어질지 모르는 예수님의 재림과 종말을 기다리며 살아간다면, 이 땅에서 무엇을 기다리지 못하겠는가?

하나님은 이사야 30장 18절 말씀으로 우리를 행복의 경지에 오르게 하신다.

여호와께서는 너희에게 다시 은혜를 베풀 수 있는 기회가 오기를 고대하고 계신다. 바로 그렇기 때문에 여호와께 희망을 두고 기다리는 이들은 모두 행복한 사람들이다. (사역)

하나님은 우리에게 은혜를 베풀어 주시려고 기다리고 계신다. 그 하나님을 신뢰하라. 믿음 안에 굳게 서서 하나님의 때를 기다리라. 오직 주님 덕분에 행복하고, 그 행복을 전하고 나누며 살아가는 복된 그리스도인이 되기를 축원한다.

2부

악惡

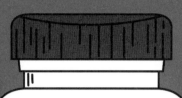

Q. 누군가에게
위로받고 싶을 때

주여,
사랑으로
보듬어 주소서

출애굽기 2:23-25
사도행전 7:34

Q. 누군가에게 위로받고 싶을 때

주여, 사랑으로
보듬어 주소서

출애굽기 2:23-25, 사도행전 7:34 | 메시지성경

●

출 2:23세월이 많이 흘러 이집트 왕이 죽었다. 이스라엘 자손이 종살이 때문에 신음하며 부르짖었다. 고된 노역에서 벗어나게 해달라는 그들의 부르짖음이 하나님께 이르렀다. 24하나님께서 그들의 신음소리를 들으시고, 아브라함과 이삭과 야곱과 맺으신 언약을 기억하셨다. 25하나님께서 이스라엘에게 일어난 일을 보시고, 그들의 처지를 헤아리셨다.

행 7:34내가 이집트에 있는 내 백성의 괴로움을 보았다. 내가 그들의 신음소리를 들었다. 내가 그들을 도우려고 왔다. 그러니 너는 준비하여라. 내가 너를 이집트로 다시 보내겠다.

●

'안티에이징(Anti aging) 시대'라고 불러도 될 만큼 현대인은 젊어지기 위해 많은 것을 투자한다. 외모를 가꾸는 데 관심이 많다. 따라서 젊음을 유지하려는 안티에이징 사업이 각광받고 있다. 사실 요즘에는 사람들의 나이를 가늠하기가 어렵다. 연세 드신 분들이 젊은이처럼 옷을 입고, 외모도 젊게 가꾸기 때문이다.

어느 50대 중반 여성이 마스크를 착용하는 이 시대의 기회를 활용하여 대대적인 성형수술을 받았다. 수술 후 남편에게 물어본다.

"여보, 내 얼굴 어때?"

"와, 21살 아가씨로 보인다."

"피부는?"

"22살 여대생."

"그럼 몸매는?"

"한 20살 정도?"

남편의 말에 기분이 좋아진 아내가 남편의 볼에 뽀뽀하는 순간, 남편이 작은 소리로 부인에게 속삭인다.

"오, 나의 여인이시여, 모든 숫자를 합해 봐요. 그게 당신의 실체라오."

옛날 노래 하나를 소개하려고 한다. 패티 김의 '사랑이란 두 글자'이다. 이 노래에는 깊은 공감을 불러일으키는 가사가 있다. 바로 '사랑이란 두 글자는 길고도 짧은 얘기'라는 부분이다. 정말 그렇다. 단 두 음절로 이루어진 '사랑'이란 단어는, 정말 많은 것을 담고 있다.

성경은 총 66권 1,189장 31,102절로 이루어진 대작이다. 그런데 독일 신학자 칼 바르트(Karl Barth)는 이 엄청난 책을 단 두 글자로 압축한다. "사랑"이다. 신학자들의 모임에서 성경의 장대한 내용을 한마디로 압축할 수 있느냐는 질문에 그는 이렇게 대답한다.

"하나님께서 나를 사랑하심, 성경에 써 있네. 이 한마디면 충분합니다."

그렇다. 성경의 이야기는 결국 나를 향한 하나님의 사랑 이야기이다. 그 사랑은 어제도 오늘도 앞으로도 변하지 않을 것이다. 그렇다면 하나님은 나를 어떻게 보듬어 주고 계실까?

사랑의 하나님은 나의 사정을 보고 계신다

하나님은 우리가 고통 중에 있음을 다 보고 계신다. 우리의 괴로움을 보고 계신다. 오늘도 하늘에서 우리를 애틋한 눈으로 내려다보고 계신다. 사도행전 7장 34절을 보자.

> 내 백성이 세상에서 괴로움 당하고 있는 것을 보고 있다. (사역)

감동적이지 않은가? 하나님은 자신의 백성이 이 땅에서 살아가는 모습을 다 보고 계신다. 나의 모든 사정을 보고 계신다. 구약성경 민수기 6장 26절 말씀 그대로 하나님은 우리에게서 결코 눈을 떼지 않으신다. 그것도 따뜻한 눈길로 바라보고 계신다.

성경을 읽어 보면 예수님은 어디를 가시든지 괴로움 중에 있는 사람들을 안쓰럽게 바라보신다. 가슴 깊은 곳에서 우러나오는 온정의 눈으로 바라보신다. 병들어 아프고, 가난하고, 소외된 사람들을 보실 때마다 안타까운 마음을 견딜 수 없어 하신다.

공생애 기간에 예수님이 얼마나 바쁘게 사셨는가? 길지 않은 시간에 인류 구원의 대업을 이루기 위해 여기저기 다니시며 복음을 전하지 않으셨는가? 그러나 예수님은 아무리 바쁘더라도 어려움 가운데 있는 사람, 아픔 가운데 있는 사람, 병들어 있는 사람, 큰 슬픔을 당하고 있는 사람을 보면 그냥 지나가지 않으셨다. 걸음을 멈추시고, 눈물 젖은 눈으로 바라보셨다. 함께 아파하시고, 손을 내미셨다.

그 따뜻한 눈길은 오늘날도 계속된다. 우리가 하나님께 심판의 대상, 진노의 대상이 아닌, 긍휼과 자비의 대상임을 믿기를 바란다.

우리가 자주 부르는 찬양의 가사가 그 하나님을 아주 잘 드러내 주고 있다.

"내가 연약할수록 더욱 귀히 여기사 높은 보좌 위에서 낮은 나를 보시네. 날 사랑하심, 날 사랑하심, 날 사랑하심, 성경에 써 있네."

그렇다. 하나님은 약한 자일수록 어려운 자일수록 불리한 자일수록 귀히 여기신다. 세상은 약한 자를 무시하고 억압하지만 주님은 그 반대이다. 그러니 용기를 내기 바란다. 나에게 약한 부분이 있을수록, 자녀에게 모자란 부분이 있을수록 주님은 귀히 여기신다. 높은 보좌 위에서 낮은 우리를 보시고 사랑으로 귀히 돌봐 주신다.

사랑의 하나님은 나의 신음을 듣고 계신다
하나님은 모세에게 바로 이 점을 주지시켜 주신다.
"나는 내 백성의 신음소리를 듣고 있다." (사역)

출애굽기 2장 23절에서는 고달픈 삶의 현장에서 시달린 백성의 신음소리가 하나님께 사무쳤다고 표현한다. 하나님은 우리의 소리를 다 듣고 계시고, 우리의 고통과 슬픔과 아픔을 모두 아신다.

여기 '신음소리를 들으신다'는 표현은 '경청한다'는 뜻이다. 이 용어는 "쉐마"인데, '아랫사람이 윗사람의 말을 귀 기울여 듣는다'는 의미로 쓰인다. 즉, 하나님은 우리의 탄식 소리와 신음소리에 낮은 자의 자세로 반응하신다는 것이다. 귀를 기울여 들으시는 것이다.

우리가 살고 있는 21세기는 참 어려운 시대이다. 이데올로기는 우리에게 정답을 주지 못한다. 이상적으로 보이는 부분도 있었지만 결국 사회주의는 망했다. 그럼 자본주의는 완벽할까? 아니다. 평등사회면서도 불평등사회이다. 많이 소유한 1%가 나머지 99%를 좌지우지한다.

특히 지금 이 사회는 숫자에 매우 민감하다. 몇 평에 사느냐? 성적이 몇 등이냐? 어른이나 아이나 숫자를 묻고 숫자에 따라 가치를 매긴다. 이 세상은 평과 등으로 이루어진 불평등사회이다. 그래서 2천 년 전에 대 수학자 피타고라스(Pythagoras)는 "미래사회는 숫자의 노예가 될 것"이라고 이야기했다.

많은 사람이 겉으로는 괜찮은 척해도, 속으로는 탄식하며 살고 있다. 그런데 그 신음소리를 우리 주님께서 긍휼의 가슴으로 듣고 계신 것이다. 내 속의 울음과 나의 억울함을 가슴으로 들어 주신다. 쓰라린 가슴으로 탄원하는 우리의 소리 없는 신음에 귀를 기울이신다. 그리고 그 신음기도에 응답해 주신다.

2020년은 6·25전쟁 70주년이었다. 우리는 오랜 휴전 상태를 유지 중인 전쟁국가이다. 한국에 주둔하는 미군과 UN군 병사들은 생명수당을 받는다. 75년 전부터 고향을 떠나 월남한 실향민들은 애환으로 가득 찬 인생을 살고 있다. 이 모든 상황을 하나님은 다 보고 계신다. 북녘 땅에서 신음하고 있는 이들의 신음소리를 하나님이 듣고 계심을 믿는다. 그래서 반드시 통일을 이루어 주실 줄 확신한다.

구약성경 이사야서 38장 5절을 보면, 하나님은 얼마 살지 못한다는 통보를 받아 울부짖으며 기도한 히스기야 왕에게 이렇게 말씀하신다.

"내가 네 기도를 듣고, 네 눈물을 보았노라."

그 음성이 오늘 내게도 향한다는 것을 기억하며 살아가기를 바란다.

사랑의 하나님은 나를 도와주러 오신다

하나님은 항상 역동적이시다. 우리가 삶의 현장에서 당면하고 있는 괴로움을 보시고, 신음하며 부르짖는 소리를 들으시고, 그리고 우리를 돕기 위해 찾아오신다. 어느 신학자가 이를 아주 간단하게 말했다. "compassion & care". 그렇다. 하나님은 연민의 사랑으로 우리를 돌보아 주신다. 오늘도 하나님은 나에게 찾아오셔서 지친 나를 사랑으로 보듬어 주신다.

성경의 중심 주제는 인간을 찾아오시는 하나님의 사랑이다. 사람이 신을 찾기 전에, 하나님이 먼저 인간을 찾아와 주신다. 이 사랑은 성경의 첫 책인 창세기부터 나타난다. 죄를 짓고 괴로워하는 아담을 찾아와 주신다. 객지 생활에서 외로움을 겪고 있던 아브라함과 모세를 찾아오셔서 "친구여"

라고 불러 주신다.

이것이 하나님의 큰 사랑이다. 어떻게 인간이 신과 친구가 될 수 있는 가? 나는 성경을 읽으면서 인간을 친구 삼아 주시는 예수님의 모습에 항상 감동을 받는다. 특히 나사로의 이야기는 매번 내게 깊은 울림을 준다. 나사 로는 소년가장이다. 여동생 두 명과 함께 사는데 얼마나 힘들겠는가. 그런 데 예수님이 수많은 사람 앞에서 나사로를 "내 친구"라고 부르신다. 그분이 바로 우리 주님이시다.

구약성경 이사야서 41장을 보면 하나님은 무기력한 상태에서 미래가 불 투명했던 이스라엘 백성에게 이렇게 든든한 약속을 주신다.

내가 너를 도와주리라. 참으로 내가 너를 도우며, 참으로 내가 나의 의로운 오 른손으로 너를 꽉 붙잡아 줄 것이다. (10절, 사역)

소위 스펙과 배경이 약한가? 가진 것이 없는가? 하나님이 도와주시면 승산이 있다. 그분이 그분의 오른손으로 나를 붙들어 주시면 내 인생은 든 든하다. 지금까지도 하나님의 은혜로 살아오지 않았는가. 지금까지 도와주 셨듯이, 앞으로도 계속 도와주실 것을 믿고 담대히 살아가기를 바란다.

험난한 인생길에서 주님의 절묘한 도우심을 받으며 살았던 사도 바울은 이렇게 간증한다.

주님 자신은 가난한 자리로 내려오시고, 그 대신 우리를 부요한 자리로 올려

주셨습니다. (고후 8:9, 사역)

요한복음 10장 11절 말씀 그대로, 예수님은 세상 풍파에 시달리는 우리를 풍성한 은혜로 채워 주시고자 이 세상에 오신 것이다.

우리는 지금 한 번도 경험하지 못한 불안 속에서 살아가고 있다. 한 치 앞을 예측할 수 없는 상황이다. 코로나바이러스가 언제 어디에서 기승을 부릴지 전혀 알 수 없다. 우리나라 경제가 어떤 위기에 당면할지도 알 수 없다. 우리의 미래가 어떻게 전개될지 그 누구도 알 수 없다. 그러나 한 가지는 분명하다. 하나님께서 우리를 사랑으로 보듬어 주신다는 사실이다. 애국가 안에도 들어 있지 않은가. "하나님이 보우하사 우리나라 만세!" 하나님이 도우시면 되는 것이다.

본문 말씀 그대로 우리가 삶의 현장에서 씨름하고 있는 것을 하나님은 다 보고 계신다. 그 안에서 울고 신음하는 우리의 작은 소리를 다 듣고 계신다. 그래서 우리를 도와주러 내려오신다. 지쳐 있는 당신에게, 진정한 위로자와 격려자이신 성령님께서 새 힘을 주신다. 희망찬 미래를 보장해 주신다. 새로운 앞날을 펼쳐 주신다.

장래를 걱정하고 있는 당신에게 주님은 분명하게 말씀하신다.

"내가 너를 도와주리라. 참으로 내가 나의 의로운 오른손으로 너를 도와주리라."

이 하나님의 말씀을 날마다 가슴에 새기며 살아가기를 바란다.

고난은
악이 아니라 약이다

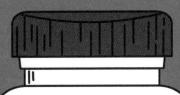

Q. 내 힘으로 살아가기
막막할 때

어려운 현실을
풀어가는
용기

사무엘상 14:1-6

Q. 내 힘으로 살아가기 막막할 때

어려운 현실을
풀어가는 용기

사무엘상 14:1-6 | 현대어성경

●

¹어느 날 요나단은 자기의 무기를 들고 다니는 부관에게 '자, 우리는 저 건너편에 있는 블레셋의 전초부대로 건너가자 !' 고 말하였다. 그는 이러한 사실을 자기의 아버지에게는 전혀 알리지 않고 갔다. ²사울은 이 시각에 마침 게바 평원의 맨 끝으로 올라가서 미그론이라는 타작마당의 석류나무 아래에 앉아 있었다. 거기서 그는 600명쯤 되는 군인들을 거느리고 있었다. ³그의 수행원 가운데는 제사장 아히야도 있었는데 그는 아히둡의 아들이었고, 아히둡은 실로에서 여호와의 제사장으로 있던 엘리의 둘째 아들 비느하스의 유복자 이가봇의 형이었다. 아히야는 에봇을 입고 가슴에는 하나님의 뜻을 알려고 할 때 제비로 사용하는 우림과 둠밈이 들어 있는 주머니를 달고 다녔다. 그런데 사울과 함께 있던 사람들 가운데는 아무도 요나단이 적진을 향해 떠나간 줄을 알지 못하였다. ⁴한편 요나단이 블레셋 군대의 전초부대로 침투하기 위하여 통과하던 길목 양편에는 거대한 기둥처럼 생긴 바위가 치솟아 있었다. 북쪽에서 치솟아 올라 믹마스를 굽어보는 바위의 이름은 보세스였고, 남쪽에서 치솟아 올라와 게바를 굽어보는 바위의 이름은 세네였다.

⁵(4절과 같음) ⁶이렇게 험한 바위로 둘러싸여 접근하기 어려운 길목에서 요나단이 부관에게 말하였다. '자, 저 건너편의 전초부대를 향하여 돌진해 보자 ! 저들은 할례도 받지 않은 족속이 아니냐 ? 여호와께서는 틀림없이 우리를 도와주실 것이다. 그렇다면 우리가 겨우 두 사람인들 무슨 상관이 있겠느냐 ? 여호와의 일에는 사람의 많고 적음이 문제 되지 않는 법이다.'

●

어느 정도 성공하자마자 곧바로 초심을 잃는 사람들이 있다. 이들은 어떤 직책이 맡겨지거나 조금이라도 높은 자리에 앉게 되면 너무 쉽게 순수함을 상실한다. 이스라엘의 초대 왕이었던 사울이 그 대표적인 경우이다.

그도 처음에는 겸손하고 순수한 사람이었다. 그러나 왕의 권좌에 오른 지 얼마 안 되어 변질되어 버리고 만다. 섬기는 리더가 아닌, 지배하고 군림하는 군주가 되었다. 또한, 안일주의에 빠져 백성의 안녕을 돌보아야 할 사명을 소홀히 했다. 이스라엘의 오랑캐라고 할 수 있는 블레셋 사람들이 자국민을 괴롭히는데도 사울은 큰 관심을 가지지 않았다. 백성의 삶에는 무관심한 채, 그저 자신의 권좌만 누리며 살았다.

사무엘상 13장을 보면, 블레셋 군대가 이스라엘의 기술자들을 계속 납치해 간다. 그래서 이스라엘 백성에게는 농기구를 수리할 수 있는 대장간이 하나도 없었다(17-19절). 그뿐만 아니라 블레셋은 믹마스 협곡에 전초 기지를 만들어 놓고 이스라엘 사람들의 일거수일투족을 감시한다. 이 같은 상황에서 이스라엘 백성은 물품 교역조차 어려워 모든 수출입이 봉쇄되고 만다(23절).

그런데 본문 2절을 보면, 사울 왕은 석류나무 그늘에 앉아 석류를 까먹으며, 씨들을 땅바닥에 뱉고 있다. 블레셋 사람들이 이스라엘 백성의 무역거래를 완전히 막고 백성을 가혹하게 괴롭히는데도 나라의 지도자가 무관심한 것이다. 그는 백성의 어려움과 고됨을 전혀 생각하지 않았다.

미국의 훌륭한 목회자 마크 배터슨(M. Batterson)은 『화려한 영성』이라는 책에서 이를 적나라하게 묘사한다. 사울의 이런 무관심과 무대책은 사실 이

번만이 아니다. 블레셋의 거장 골리앗이 쳐들어왔을 때도 그는 왕실에 앉아서 보고만 받을 뿐 아무런 대책을 마련하지 않았다. 한 나라의 수장이 '관중'으로 살았던 것이다. 그는 자신이 앞장서서 치러야 할 전쟁을 다른 사람이 치르도록 맡기고 관망만 했다. 그는 어린 소년 다윗을 향해서도 "나 대신 네가 나가서 싸워라"고 말하며 무능력과 무책임을 그대로 드러내 보였다. 그 광경을 지켜보는 백성의 마음이 어떠했겠는가?

오늘 우리에게도 사울 왕과 같은 모습이 있다. 우리도 현실적인 문제에 무관심하며 안일주의 빠져 살 수 있다. 목회자부터도 하늘의 고귀한 소명을 상실하고, 성도들의 생활고에 무관심할 수 있다. 대부분의 정치 지도자들은 민생문제에 관심을 쏟기보다, 표심에만 관심을 기울인다. 그러다가 서서히 민심을 잃어 간다.

성경을 자세히 살펴보면 사울이 왕으로 즉위하였을 때 그를 따른 군사가 33만 명이나 된다(삼상 11:8). 그런데 그가 얼마나 민심을 잃었는지, 지금 그의 곁에는 600명의 군대만 남아 있다(13:15). 이런 상황에서 블레셋의 3만 6천 명 특수부대가 이스라엘을 수시로 공격한다. 당연히 백성은 겁에 질릴 수밖에 없었다. 게다가 그들은 블레셋 군인들에게 모든 철 기구를 빼앗겨 칼이나 창이 한 자루도 없었다. 대항할 용기를 잃은 사람들은 숲속이나 동굴 속으로 숨어 들어갔다. 사무엘상 13장은 이 상황을 아주 상세하게 설명한다(13:6, 15, 19, 22).

이런 어려운 현실을 신앙으로 풀어 준 용기의 사람이 요나단이다.

하나님을 신뢰할 때 용기가 생긴다

요나단은 이스라엘의 영도자였던 모세처럼 민족 사랑의 의협심을 가진 사람이었다. 그는 이스라엘 백성의 출입을 가로막고 있는 블레셋 군대의 전초기지를 기습작전으로 선제공격하여 기선을 잡는다.

사실 요나단이 이스라엘 군대를 거느리고 믹마스 협곡으로 들어가는 것은 자멸을 초래하는 바보 같은 전략이었다. 그곳은 블레셋 군대의 특공대가 주둔한 곳으로, 양쪽으로는 보세스와 세네라는 이름의 깎아지른 높은 암벽이 있었다(삼상 14:4-5). 그런 협곡으로 들어가는 것은 전술적으로 매우 비합리적이고 무모한 행동이다. 더구나 요나단은 블레셋 군대가 중무장하고 있음을 잘 알고 있었다. 그러니까 그들이 양쪽 절벽 위에서 아래로 공격하면 속수무책이라는 것을 충분히 인지하고 있었다는 이야기이다.

이런 지형지세를 정확히 알고 있는 요나단은 전적으로 하나님만을 신뢰하고 전투를 감행했다. 그리고 오직 하나님만 의지하는 믿음과 용기로 부하들에게 사기를 심어 주었다. 그의 신앙고백이 훌륭하다.

이렇게 험한 바위로 둘러싸여 접근하기 어려운 길목에서 요나단이 부관에게 말하였다. '자, 저 건너편의 전초부대를 향하여 돌진해 보자! 저들은 할례도 받지 않은 족속이 아니냐? 여호와께서는 틀림없이 우리를 도와주실 것이다. 그렇다면 우리가 겨우 두 사람인들 무슨 상관이 있겠느냐? 여호와의 일에는 사람의 많고 적음이 문제 되지 않는 법이다. (삼상 14:6, 현대어성경)

우리도 요나단처럼 용기 있는 믿음으로 어려운 현실을 풀어 갈 수 있어야 한다. 절벽이라도 타고 올라가야 한다. 하나님은 믿음의 전술을 기뻐하신다. 모험하는 신앙을 좋아하신다. 하나님만 의지하는 벤처 신앙을 축복하신다.

요나단과 함께한 이들은 목숨을 걸고 절벽을 기어 올라갔다. 아무런 장비도 없이 그저 손과 발로 암벽을 타고 올라간다는 것이 얼마나 힘든 일인가? 더구나 절벽 위에서 적군이 화살을 쏘고 창을 던질 수 있는 상황에서 그 같은 결정을 내린다는 것은 믿음이 아니면 설명할 수 없다.

한마디로 그의 전술은 군사 전법이 아닌, 신앙 전법이었다. 마치 다윗이 블레셋의 거장 골리앗을 물리칠 때 보여 준 신앙과 비슷하다. 그래서 10절과 12절에서도 오직 믿음으로 천명한다. "여호와께서 그들을 우리 손에 넘겨주셨다. 그러니 나를 따라 올라가자!"

블레셋 군인들은 몇 명이 올라오니 방심했다. '저들이 투항하러 올라오나? 무엇을 부탁하러 올라오나?' 자신들을 공격하리라고는 상상조차 하지 못했다. 요나단의 신앙전술은 블레셋 군대의 방심을 이용하여 멋진 승리를 가져왔다.

정리하자면, 사울 왕 한 사람의 방심과 방만이 국가적으로 큰 손실을 가져왔고, 믿음의 사람 요나단 한 사람의 애국 충정이 나라의 안정을 되찾아 주었다. 어떤 의미에서 요나단은 조선시대 이순신 장군과 같은 영웅이라고 할 수 있다. 요나단의 용기 있는 작은 행동이 역사의 흐름을 바꾸어 놓았다. 종교개혁자 마틴 루터 한 사람의 신앙으로 오늘의 개신교를 이룬 것과 같다.

하베이 혼스타인(H. Honseutain) 교수는 이렇게 호소한다.

"한 조직의 쇄신이나 한 국가의 산업부흥도 개인의 용기 있는 결단 없이는 일어날 수가 없다."

본문 7절을 보면 요나단과 함께 과감한 모험을 감행한 병사들의 신앙 역시 훌륭함을 알 수 있다. 그들은 블레셋 특공대가 주둔하고 있는 협곡으로 들어가면서도 이렇게 말한다.

"무엇이든 원하는 대로 행하십시오. 무엇을 하시든 당신과 함께하겠습니다."

그들이 요나단과 의기투합하지 않았다면 제아무리 용감한 요나단이라도 혼자서 그 절벽을 오르지는 못했을 것이다. 요나단은 군사들과 함께 믿음의 구호를 외쳤다(12절).

"올라가자! 나를 따라오너라! 하나님께서 저들을 우리 손에 넘겨주셨다."

지도자의 용기는 그를 따르는 자들의 헌신을 불러일으킨다. 리더가 보여주는 용기가 감동을 가져다준다. 빌리 그래함(Billy Graham) 목사님은 이렇게 말한다.

"용기는 전염된다. 용기 있는 사람이 일어서면 주위 사람들도 힘이 솟게 마련이다. 용감한 사람이 입장하게 되면, 모든 사람의 허리가 곧게 서게 된다."

한 사람의 담대한 신앙이 거룩한 도미노 현상을 일으킬 수 있는 것이다.

용기는 두려움을 극복하는 행동이다

미국교회의 영적 거장인 래리 오스본(Larry Osborne)이 말하듯이, 용기란 두려움이 없음을 의미하는 것이 아니다. 다만 두려워하는 것도 행하는 것이다. 즉, 용기는 두려움을 극복하며 나아가는 신앙의 행동이다.

세네카(Seneca)는 이런 가르침을 준다.

"일이 어렵기 때문에 해낼 용기가 없는 것은 아니다. 그것을 해낼 용기가 없기 때문에 일이 어려운 것이다"(It is not because things are difficult that we do not dare. It is because we do not dare that they are difficult).

그러므로 우리는 위험을 감수하지 않으려는 태도부터 버려야 한다. 일반적으로 사람들은 아이디어의 부재가 아니라, 두려움 때문에 소극적으로 살아간다. 대부분의 믿는 사람들이 용기 있는 신앙으로 살지 못하는 이유가 무엇인지 아는가? 목표가 없기 때문이다. 요나단이나 다윗에게 있었던 하나님의 이름을 위한 의협심이 없는 것이다. 두려움을 이겨 내지 못한다면, 인생에 찾아오는 중요한 것들을 영영 잃을 수 있다. 따라서 지도자는 순간적으로 찾아오는 기회를 놓치는 것을 두려워해야 한다. 앤디 스탠리(A. Stanley)의 책, 『넥스트』에 나와 있듯이 리더는 기회를 보는(see) 것이 아니라, 포착(seize)하는 사람이다.

리더십은 어둠 속으로 담대히 걸어가는 용기를 필요로 한다. 고통스러운 현실을 받아들이는 용기가 필요하다. 물론 어려운 현실을 풀어 가는 것은 힘든 일이다. 그러나 반드시 통과해야만 하는 일이다.

우리는 때때로 어려운 현실을 '부정'하며 살아가려고 한다. 개인뿐만 아니라 조직도 마찬가지이다. 그냥 상황이 좋다고 믿고 싶어 한다. 그러나 이것은 실패를 초래하는 태도이다. 앤디 스탠리는 『넥스트』에서 어려운 현실을 풀어가기 위한 7가지 규정을 잘 정리해 준다. 첫째, 속이지 말라. 둘째, 못 본 체하지 말라. 셋째, 과장하지 말라. 넷째, 나쁜 소식을 전하는 사람을 비난하지 말라. 다섯째, 수치(數値)들로 현실을 위장하지 말라. 여섯째, 건설적 비난을 무시하지 말라. 일곱째, 자신을 고립시키지 말라.

때로는 지혜로운 전술을 세우는 것이 중요하다. 그러나 그것이 전부는 아니다. 우리가 최선을 다하여 계획하고 준비해야 하는 것은 맞지만, 이 세상에 '완벽한' 준비란 없다. 이 정도면 충분히 준비했다고 자신하는 사람을 하나님은 쓰시지 않는다고 말한다. 모든 공을 자기 자신에게로 돌리기 때문이다.

화장품 전문기업 아모레퍼시픽의 한근태 회장이 쓴 『리더의 비유』에는 한 회장이 자주 하는 말이 소개되어 있다.

"까마귀는 바람 부는 날 집을 짓는다."

까마귀는 나뭇가지로 집을 짓는데, 바람이 불 때 집을 짓는다고 한다. 바람이 없는 날 지은 집은 바람이 세게 불면 무너지기 때문이다. 오히려 바람이 센 날 집을 지으면, 무너질 일이 없다는 것이다.

우리는 역경을 역이용할 줄 알아야 한다. 반일, 항일, 친일 등의 편 가르기로 힘 빼지 말고, '극일'에 힘을 기울여야 한다. 우리는 통일한국을 이루어 일본을 이기고, 중국을 이기고, 러시아도 이겨 내야 한다. 3M 정신을 기본으로 오늘의 대한민국을 이루지 않았는가. 우리는 맨땅에서 맨손과 맨발로 기적 한국을 이루었다. 그 정신으로 지금 이때를 살아내기 바란다.

하나님이 도우시면 놀라운 기적이 일어난다

본문에 나타나듯이 이스라엘은 모든 면에서 열세이고 불리했다. 그러나 하나님께서는 전혀 문제가 되지 않았다. 하나님께서 크게 도와주시니 블레셋은 자기들끼리 싸우며 스스로 패배했다. 놀랍지 않은가? 이것은 우리에게 주는 희망 메시지이다. 대한민국은 1천만 성도가 기도하는 나라이다. 영적 강국이다. 하나님이 도와주시면 놀라운 기적이 일어난다. 그러니 어려운 현실 때문에 겁먹지 말자. 오히려 더욱 하나님만 신뢰하고 하나님의 일하심을 기대하며 나아갈 수 있기를 바란다.

본문은 역사적 실화를 담고 있다. 하나님께서 이스라엘 민족에게 다시 용기를 주시니, 블레셋 진영에 투항했던 군인들이 다시 돌아왔다(21절). 또 산 속에 숨어 있던 병사들도 여기저기서 다시 나타났다(22절). 그래서 이스라엘 군대는 1만 명이 넘는 강한 세력을 형성하게 된다(23절).

우리가 과감한 믿음으로 나아가기만 하면, 그다음부터는 하나님께서 움직이신다. 큰 역사를 이루어 주신다. 23절에서 이를 아주 멋지게 설명한다.

그날 하나님께서 이스라엘을 구원하셨다! 굉장한 날이었다! (메시지성경)

이것이 우리나라의 이야기이자 우리 개개인의 생생한 간증이 될 수 있기를 축원한다.

1933년 프랭클린 루스벨트(Franklin D. Roosevelt) 대통령은 미국 국민들로 하여금 경제 대불황의 슬럼프에서 일어나게 했다. 그는 성경 말씀을 최대한 인용하여 국민을 침체의 늪에서 빠져나오게 했다. 그것은 곧 용기의 부활이었다. 주변 상황이 아무리 어둡고 암담해도 미래 비전을 향한 용기를 잃지 않으면 반드시 승리할 수 있다는 희망의 복음을 외쳤다.

하나님은 오늘도 변함없이 우리를 도우신다. 여호와의 일에는 사람의 많고 적음이 문제되지 않는다. 주님은 우리가 현실적인 환경을 뛰어넘게 하신다. 이것이 곧 예수님의 십자가와 부활의 복음이다. 오직 예수님을 힘입어 어려운 현실을 풀어가는 용기의 부활이 있기를 축원한다.

고난은
악이 아니라 약이다

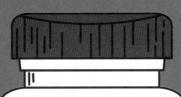

Q. 기적의 주인공이
되고 싶을 때

성령을
전염시킵시다

사무엘상 19:18-24

성령을
전염시킵시다

사무엘상 19:18-24 | 현대어성경

●

¹⁸아내 미갈의 슬기로 살아난 다윗은 라마로 사무엘을 찾아가서 그동안 사울이 자기를 죽이려고 하였던 모든 일을 이야기하였다. 그러자 사무엘은 사태의 심각성을 알아차리고 즉시 다윗을 데리고 나욧으로 가서 살았다. 나욧은 예언자들이 사는 성역인데, 그곳으로 피신하는 사람은 안전하였기 때문이다. ¹⁹다윗이 라마에 있는 예언자의 집에 들어가 숨었다는 소식이 사울에게 전하여지자, ²⁰사울은 거기서라도 다윗을 잡으려고 부하들을 보냈다. 그들이 와서 보니 마침 예언자 무리가 모두 황홀경에 빠져 춤을 추고 노래를 부르며 기뻐하고 있었다. 그러나 사무엘은 맑은 정신으로 그들 앞에 서서 지도하고 있었다. 사울의 부하들도 이런 광경을 보고 있다가 어느새 하나님의 성령이 임하여 사무엘의 제자들과 똑같이 황홀경에 빠져서 춤을 추고 노래를 부르며 기뻐하였다. ²¹이 소식이 사울에게 전해지자 그는 다시 부하들을 보냈다. 그러나 세번째로 보낸 부하들도 예언자의 황홀한 기쁨에 젖어 먼저 사람들과 똑같은 현상에 빠졌다. ²²이번에는 사울이 직접 라마로 향하였다. 그는 세구에 있는 큰 우물에 이르러 '사무엘과 다윗이 어디에 있느냐?'고 물었다. 그러자 사람들이 라마 예언자의 집으로 기는 길을 사울에게 가르쳐 주었다. ²³사울이 라마 예언자의 집으로 가는데 도중에 하나님의 성령께서 그에게도 임하시자, 그도 예언자의 황홀경에 빠져서 라마 예언자의 집에 이르기까지 계속 그런 상태로 걸어갔다. ²⁴그가 마침내 사무엘 앞에 이르러서는 옷까지 모두 벗어 버린 채 소리를 지르고 춤을 추면서 사무엘의 주변을 맴돌다가 마침내 힘이 다 빠져서 땅바닥에 쓰러지고 말았다. 사울은 그날 해가

저물어 밤이 새도록 그냥 땅바닥에 알몸으로 누워 있었다. 그래서 '사울도 예언자와 한패가 되었느냐?'는 말이 생기게 되었다.

●

해마다 우리나라에서 감기로 죽는 사람이 1,500명이나 된다는 것을 알고 있는가? 미국은 올해만 1만 4천 명이 감기로 죽었다. 우리나라의 경우, 1년 동안 병원을 찾는 감기 환자 약 2천만 명이라고 한다. 병원에 오지 않는 사람까지 합하면 유행성감기 환자는 훨씬 더 많을 것이다. 이처럼 감기 환자가 많은 것은, 감기가 비교적 쉽게 전염되는 질환이기 때문이다.

전염병의 파급력은 대단하다. 감기에 걸린 한 사람이 기침 몇 번으로도 감기 바이러스를 여러 사람에게 전달한다. 실제로 모임 중에 감기에 걸린 사람 곁에 앉았다가 감기에 옮은 경험이 누구나 있을 것이다. 어디 감기뿐인가. 눈병, 수족구병 등 크고 작은 전염병이 일상 속에 자리하고 있다. 아직도 전 세계 말라리아 감염 환자가 2억 명에 달한다고 한다.

'전염병' 하면 최근에 발생한 코로나19 이야기를 안 할 수가 없다. 이 전염병은 삽시간에 전 세계로 퍼졌다. 아직도 세계 도처에는 제2차, 3차 감염이 무섭게 일어나고 있다. 통계 자체가 어려운 저개발국가의 확진자까지 합하면 우리의 상상을 초월할 것이다.

인류 역사를 돌아보면, 전쟁으로 죽는 것보다 주기적인 전염병으로 죽는 인원이 훨씬 더 많다. 코로나가 잠식된다 해도, 앞으로 또 어떤 전염병이 발생하여 또 다른 팬데믹을 가져올지 누구도 예측할 수 없는 실정이다.

빌 게이츠(Bill Gates)의 간결한 표현 그대로 전쟁무기인 거대한 미사일(macro missile)보다 아주 작은 병원체(micro virus)의 위력이 더 세다. 강력한 전염력 때문이다. 오래전부터 바이러스를 주제로 한 공상영화가 많은 이유이다.

그런데 성경에는 질병의 전염력보다 훨씬 강력한 전파력이 나타난다. 바로 복음으로 변화받은 사람들에게서 나오는 은혜의 전염력이다. 예수님은 '복음'이라는 거룩한 누룩 한 숟가락의 엄청난 영향력(great influence)을 강조하신다. 한 사람만 예수를 믿어도 그 은혜의 영향력은 힘차게 전파되어 나간다. 단 한 사람의 신앙으로 온 집안이 예수를 믿게 된다. 미력한 한 사람이 그 가문과 혈통에 예수혁명을 가져올 수 있는 것이다.

그래서 빌 하이벨스(Bill Hybels) 목사는 "contagious evangelism"이라는 멋진 표현으로 복음의 힘찬 전파력을 실감 나게 묘사한다. 특히 성령체험은 전염력이 더욱 강하다. 한 사람만 성령 충만해도 곁에 있는 모두가 성령 충만해진다. 기도를 뜨겁게 하는 사람 옆에서 기도하면 덩달아 힘차게 기도하게 된다. 방언으로 기도하는 사람 옆에서 기도하다가 방언으로 기도하게 되는 경우도 있다. 그러나 반대로 졸음이나 하품도 전염이 된다. 예배 시간에 누군가 졸거나 하품을 하면 그 주변 사람도 지루하게 느껴지거나 졸게 된다. 어떤 전염력을 가진 사람이 되고 싶은가?

우리는 성령의 은혜를 전염시키는 거룩한 숙주가 될 수 있다. 성령의 감동을 퍼뜨리는 거룩한 사람이 될 수 있다. 이것이 본문의 핵심 내용이다.

다윗을 잡으러 온 자들이 성령체험을 한다

다윗은 사울 왕의 시기와 질투로 미운털이 박혀 피신 생활을 하게 되었다. 이스라엘 땅 전역으로 피해 다니며 전전긍긍 살았다. 그러다가 더 이상 숨을 곳이 없자, 사무엘 선지자의 고향인 라마로 올라갔다.

사무엘은 이스라엘 역사에서 아주 멋지게 기억되는 지도자이다. 그는 왕에 해당하는 통치자였고, 선지자이자 제사장으로 나라와 백성을 섬기는 참목자였다. 특히 기도와 성령으로 채워진 리더십을 발휘했다. 그는 이스라엘이 영적으로 침체되어 있을 때, 조용하면서도 힘차게 성령운동을 전개하고 있었다. 자신의 고향에 신학교를 세우고 성령의 사람들을 양성했던 것이다.

성경은 사무엘의 고향 라마에 있는 신학교를 강조한다. 사무엘은 자신의 어머니 한나가 기도로 성령의 능력을 체험한 바로 그곳에서 성령의 사람들을 배출하고 있었던 것이다. 그래서 현대영어성경에서는 사무엘의 신학교가 있는 '나욧'을 'Prophets Village', 곧 '선지자 동네'라고 명명한다. 아주 명확한 표현이다. 여기서 사무엘과 제자들 모두가 성령 충만한 삶을 살고 있었다. 그리고 바로 이곳으로 다윗이 간다.

다윗이 사무엘을 찾아간 것은 성령 충만을 위해서였다. 일찍이 사무엘 선지자의 안수기도로 성령을 받았기에, 피신 생활로 지친 영육에 성령으로 새 힘을 불어넣고자 영적 지도자 사무엘을 찾아간 것이다. 성령으로 새 기운을 얻고자 갔던 것이 분명하다. 그래서 사무엘은 다윗을 신학생들과 함께 지내게 하면서 성령 충만을 받게 했다.

그런데 성령 충만한 동네에도 은혜 받지 못한 사람이 있었던 것 같다. 성경에서 누군지는 밝히고 있지 않지만, 다윗이 그곳에 머물고 있음을 사울 왕에게 밀고한 이가 있었다. 소식을 들은 사울은 다윗을 잡기 위해 군졸들을 보낸다. 그런데 이게 웬일인가? 다윗을 잡으러 온 그들 모두가 성령체험을 하게 된다.

사울은 두 번째 군대를 보내지만, 그들 또한 성령님께 체포된다. 사울은 포기하지 않고 세 번째 군대를 보내고, 그들 역시 가자마자 성령체험을 하여 다윗을 잡아 오지 않았다.

현대어성경이 아주 사실적으로 이 현장을 보도한다.

다윗이 라마에 있는 예언자의 집에 들어가 숨었다는 소식이 사울에게 전하여지자, 사울은 거기서라도 다윗을 잡으려고 부하들을 보냈다. 그들이 와서 보니 마침 예언자 무리가 모두 황홀경에 빠져 춤을 추고 노래를 부르며 기뻐하고 있었다. 그러나 사무엘은 맑은 정신으로 그들 앞에 서서 지도하고 있었다. 사울의 부하들도 이런 광경을 보고 있다가 어느새 하나님의 성령이 임하여 사무엘의 제자들과 똑같이 황홀경에 빠져서 춤을 추고 노래를 부르며 기뻐하였다. 이 소식이 사울에게 전해지자 그는 다시 부하들을 보냈다. 그러나 세 번째로 보낸 부하들도 예언자의 황홀한 기쁨에 젖어 먼저 사람들과 똑같은 현상에 빠졌다. (19-21절)

사울은 다윗을 잡으러 갔다가 성령체험을 하게 된 자들을 약한 자, 무능력한 바보들로 여겼다. 그래서 이번엔 사울이 직접 다윗을 잡으러 간다. 그런데 얼마나 놀랍고 신비한 일이 벌어지는가? 22-24절을 보자. 한 편의 드라마이다.

이번에는 사울이 직접 라마로 향하였다. 그는 세구에 있는 큰 우물에 이르러 '사무엘과 다윗이 어디에 있느냐?'고 물었다. 그러자 사람들이 라마 예언자의 집으로 가는 길을 사울에게 가르쳐 주었다. 사울이 라마 예언자의 집으로 가는데 도중에 하나님의 성령께서 그에게도 임하시자, 그도 예언자의 황홀경에 빠져서 라마 예언자의 집에 이르기까지 계속 그런 상태로 걸어갔다. 그가 마침내 사무엘 앞에 이르러서는 옷까지 모두 벗어 버린 채 소리를 지르고 춤을 추면서 사무엘의 주변을 맴돌다가 마침내 힘이 다 빠져서 땅바닥에 쓰러지고 말았다. 사울은 그날 해가 저물어 밤이 새도록 그냥 땅바닥에 알몸으로 누워 있었다. 그래서 '사울도 예언자와 한패가 되었느냐?'는 말이 생기게 되었다.
(현대어성경)

사울마저 성령님께 사로잡혀 성령의 역사 안에 빠져 들게 된다. 한마디로 성령님께 완전히 지배를 당한다. 성령님이 그를 하늘의 능력으로 덮어 버리신 것이다.

교회는 성령 역사의 현장이 되어야 한다

이런 드라마 같은 역사를 통해 성경이 오늘 우리에게 주는 메시지는 무엇일까? 교회가 성령 역사의 현장이 되어야 한다는 것이다. 사람들이 교회에 오기만 하면 성령을 체험하는 영적 분위기를 만들라는 것이다. 신약성경에서 사도행전이 그 표본이다.

교회의 본질 중 하나는 '성령 충만한 공동체'이다. 교회는 성령이 임재하고 역사하시는 현장이 되어야 한다. 그래서 사람들이 나오기만 하면 성령님께 사로잡히는 은혜의 용광로가 되어야 한다.

내가 섬기는 지구촌교회는 이런 간증을 많이 가지고 있다. 강점 중 하나는 '특별 새벽기도'이다. 교회 개척 초기부터 남성 성도들이 특별 새벽기도회에 나와서 성령의 은혜를 체험하고 놀라운 변화를 받았다. 그래서 이런 말이 있을 정도였다.

"지구촌교회 특별 새벽기도회에는 양복 입고 가면 안 된다."

눈물로 다 젖기 때문이었다. 예배당에 발을 디뎠다가 예수님을 만나는 사람들이 많았다. 교회 행사에 초청받아 왔다가 성령의 감동으로 믿음을 갖게 되어 지금까지 훌륭하게 헌신하고 있는 이들도 있다. 우리 교회의 대다수 리더가 그러하다. 이처럼 교회는 성령이 운행하시는 능력의 현장이어야 한다. 성령체험의 산실이 되어야 한다.

우리 교회 초창기에 힘이 되어 주셨던 한 분의 이야기를 나누려 한다. 강옥란 권사님이다. 권사님은 기도와 성령의 사람이었고, 교회를 위한 헌신에 통이 큰 분이셨다. 남편은 경찰공무원이었는데, 교회에 매우 부정적이었다.

하루는 남편이 일찍 퇴근해서 집에 왔는데, 현관문이 보조키까지 잠겨 있어서 집에 들어가지 못했다. 차 안에서 꽤 오래 기다렸는데도 부인이 오지 않자 화가 나서 부흥회에 참석 중인 아내를 찾아왔다. 그런데 열쇠를 가지러 교회에 들어왔다가 그만 성령의 임재를 체험하게 되었다. 담배를 하루에 두 갑씩 피우던 분이었는데, 그날로 담배를 끊었다. 생전 처음 예배당에 발을 디뎠는데, 그때부터 담배 냄새가 역겨워졌다고 한다. 그렇게 예수님을 믿게 되었다. 사도 바울처럼 한순간에 변화를 받은 것이다. 이후 집사가 되어 훌륭하게 헌신하셨다. 이처럼 누구든지 성령을 받으면 인생에 코페르니쿠스적인 변화가 일어난다.

우리의 예배 현장이 성령의 강력한 영향력으로, 예배드리러 오는 자마다 성령을 받는 은혜가 일어나게 하자. 그 일을 위해 내가 라마 나욧의 신학생들처럼 성령의 사람이 되자. 은혜의 사람이 되자. 감동의 사람이 되자. 그래서 성령체험 현장을 만들어 가자. 성령의 능력을 전염시키자.

우리는 잘못된 것을 전염시키는 죄의 숙주가 아니라, 성령을 전염시키는 거룩한 숙주가 되어야 한다. 우리 각자가 속한 곳에서 나로 인해 이런 선한 전염이 일어나게 되기를 소원한다.

영국교회를 부흥시킨 감리교의 창시자 존 웨슬리(John Wesley)는 '속회'라는 소그룹을 은혜공동체, 기도체험 현장, 성령체험의 산실이 되게 하라고 강조한다. 그런데 성령체험의 산실이 되기 위해서는 무엇보다 기도가 필요하다. 사무엘 선지자는 도망자인 다윗의 신변 안전을 위해 전체 신학생들에게 합심기도를 시켰을 것이다. 그래서 성령의 임재와 능력이 나타난 것이다. 그러니 다윗을 체포하러 온 사울의 군인들도 성령체험을 하고, 사악한 사울 왕까지도 성령님께 사로잡힌 것이다.

오늘도 우리가 함께 모여 기도할 때 성령이 임재하신다. 성령의 강림이 있었던 오순절 마가 다락방이 되는 것이다. 나는 담임 목회자로서 매주 이렇게 간절히 기도한다.

"주님, 우리 교인들이 교회에 나오면 은혜 없이 돌아가는 자가 하나도 없게 하옵소서. 모든 예배와 모임마다 반드시 은혜 받고 가게 하옵소서!"

오늘도 성령의 은혜와 능력을 체험하기 바란다. 성령으로 변화받기를 바란다. 성령으로 위로받고, 치유받기를 바란다. 주일마다 예배를 통해 새 힘과 새 기운을 얻기를 바란다. 한마디로 성령의 사람이 되기를 축원한다.

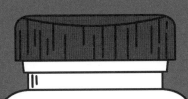

Q. 삶의 많은 것을
빼앗긴 것처럼 느껴질 때

빼는 만큼
곱해 주시는
은혜

창세기 13:1-18

Q. 삶의 많은 것을 빼앗긴 것처럼 느껴질 때

빼는 만큼
곱해 주시는 은혜

창세기 13:1-18 | 현대어성경

●

¹아브람은 아내와 함께 가지고 있는 재물을 모두 지니고 애굽을 나와 가나안 남부 지방으로 되돌아왔다. 물론 롯도 함께 애굽에서 나왔다. ²아브람은 대단한 부자가 되었다. 가축 떼뿐 아니라 금과 은도 많이 소유하게 되었다. ³아브람은 남부 지방을 떠나 조금씩 벧엘 쪽으로 옮겨 갔다. 그러다가 벧엘과 아이 사이 곧 전에 얼마 동안 자리잡고 살던 곳까지 다다르게 되었다. ⁴그는 거기에 제단을 쌓고 여호와께 제사를 올렸다. ⁵롯도 아브람처럼 양 떼와 소 떼뿐만 아니라 그의 식솔들, 그리고 여러 종들이 딸려 있었다. ⁶이렇게 가축 떼가 많이 늘어나게 되자 아브람과 롯은 함께 가축을 칠 수가 없었다. 그만큼 넉넉한 목초지가 없었기 때문이다. ⁷그러다보니 때때로 아브람의 가축 떼를 치던 목자들과 롯의 가축 떼를 치던 목자들이 싸우기도 하였다. 또한 그 땅에는 가나안 사람과 브리스 사람도 함께 살고 있었다. 그러니 땅이 비좁을 수 밖에 없었다. ⁸그래서 아브람이 롯에게 이렇게 말하였다. '우리는 서로 한 핏줄이 아니냐? 그러니 네 가축 떼를 치는 목자들과 내 가축 떼를 치는 목자들이 서로 싸워서야 되겠느냐? ⁹그러니 우리 서로 떨어져 사는 것이 어떻겠느냐? 아무 쪽이든 네가 원하는 곳을 골라라. 네가 왼쪽으로 가면 나는 오른쪽으로 가겠고 또 네가 오른쪽으로 간다면 내가 왼쪽으로 가마' ¹⁰롯이 둘러보니 소알까지 펼쳐져 있는 요단 들녘에는 물이 매우 넉넉하였다. 이때는 여호와께서 소돔과 고모라를 멸망시키기 전이었기 때문에 요단 들녘은 여호와의 동산과 같이 매우 기름져 보였고 또 애굽 땅과 같이 비옥해 보였다. ¹¹그래서 롯은 이러한 요단 들녘에 마음이 끌려 요단

들녘을 차지하기로 하고 동쪽으로 옮겨 갔다. 아브람과 롯은 이렇게 해서 헤어져 살게 되었다. 12아브람은 가나안 땅에 그냥 머물러 살았으나 롯은 요단 들녘에 있는 여러 성읍을 돌아다니다가 소돔 가까이에 자리잡게 되었다. 13그런데 소돔 사람들은 하나님을 우습게 알 정도로 못된 짓만을 일삼았다. 14아브람과 롯이 서로 헤어져 살게 된 뒤 여호와께서 아브람에게 이르셨다. '아브람아, 네가 지금 서 있는 곳에서 동서남북 사방을 찬찬히 둘러보아라. 15네가 지금 둘러보고 있는 땅을 내가 모두 너와 너희 후손에게 주겠다. 앞으로 영원토록 이 땅이 너희의 차지가 될 것이다. 16또 내가 네 후손을 셀 수 없을 정도로 많게 하겠다. 땅의 티끌만큼이나 많게 할 것이다. 사람이 땅의 티끌을 모두 셀 수 있다면 네 후손이 얼마나 되는지도 셀 수 있을 것이다. 그만큼 엄청나게 불어나게 하겠다. 17그리고 온 땅을 사방으로 왔다갔다 해보아라. 내가 그 땅을 모두 네게 주겠다.' 18그리하여 아브람은 식솔들을 이끌고 치고 살았던 천막을 거두어 가지고 헤브론에 있는 상수리나무 숲 부근으로 옮겨 자리잡았다 그 상수리나무 숲은 마므레라고 부르는 숲이었다. 아브람은 거기에 제단을 쌓고 여호와께 제사를 드렸다.

●

결혼식의 아름다운 순간을 담는 사진작가가 신랑과 신부에게 늘 하는 말이 있다. "긴장 푸시고 얼굴에 힘을 좀 빼 보세요." 힘을 빼야 자연스러운 표정이 드러나기 때문이다. 힘을 빼라는 말은 병원에서도 종종 듣는다. 주사를 맞을 때 힘을 빼야 아프지 않고 주사액도 잘 퍼지기 때문이다. 글씨를 쓸 때도 손에 힘을 빼야 자연스럽게 써진다. 노래할 때 어깨에 힘을 빼야 고음이 부드럽게 올라가고, 소위 '삑사리'가 나지 않는다. 야구 경기에서 투수가 어깨에 힘이 들어가면 던지고자 하는 볼을 제구하지 못한다. 투수가 계속 공을 제대로 던지지 못하면 포수가 달려가서 투수의 어깨를 두드리며

"힘 빼, 어깨에 힘이 많이 들어가 있어"라고 말해 준다. 야구뿐만이 아니다. 어떤 운동이든 힘을 빼야 동작이 자연스러워진다. 골프를 칠 때도 힘을 빼야 공을 반듯하게 멀리 보낼 수 있다. 이 외에도 살면서 힘을 빼야 하는 순간들은 참으로 많다.

사막을 여행하는 자동차가 모래 웅덩이에 빠졌을 때 어떻게 해야 빠져나올 수 있는지 아는가? 바퀴가 모래 속에 빠진 상태에서 가속페달을 밟으며 속도를 높이면 차는 더욱더 모래 늪으로 빠져들어 간다. 이때는 오히려 타이어의 바람을 빼야 한다. 공기를 빼면 타이어가 평평해져서 바퀴 표면이 넓어지기 때문에 쉽게 빠져 나올 수 있다.

그런데 우리가 빼야 할 것이 힘뿐만이 아니다. 빼야 할 것이 의외로 많다. 나이 먹으면서 생기는 점을 빼야 하고, 살을 빼야 하고, 체내지방도 열심히 분해해서 빼야 한다. 무엇보다도 인생의 거품인 허세나 자만심, 교만과 고집을 빼야 한다.

목회자가 설교문을 작성할 때도 내용을 추가하는 것이 어려운 게 아니라 줄이거나 빼는 작업이 어렵다. 나는 일단 B5용지로 5-6페이지를 작성해 놓은 다음, 계속 빼는 작업을 하여 4페이지로 줄인다. 이 작업이 결코 쉽지 않다.

나는 애플의 창업자 스티브 잡스(S. Jobs)의 지론을 표본 삼고 있다.

"완벽이란 무엇인가? 더 이상 넣을 수 없는 상태가 아니라, 더 이상 뺄 수 없는 상태를 말한다."

그렇다. 뺄 수 있는 것들을 잘 뺄수록 명품이 된다.

우리는 하나님께서 계속 더해 주시는 것만을 복으로 여길 때가 많다. 하지만 뭔가를 빼 주시는 것도 아주 중요한 복이다. 하나님이 보시기에 좋지 않은 것들을 빼 주시는 것이야말로 큰 은혜이다. 우리가 하나님께 더 좋은 것을 받기 위해서는 우리 안에 있는 불필요한 것들을 빼내야 한다. 우리가 빼는 만큼 하나님은 승법공식으로 은혜와 축복을 곱해 주신다.

하나님은 때로 우리에게서 무언가를 빼내신다

창세기 13장은 바로 이런 역설적 메시지를 전해 준다. 믿음의 조상 아브라함은 하나님의 부르심을 받아 고향을 떠나 가나안 땅으로 왔다. 죽은 형의 아들인 조카 롯과 함께였다. 어느덧 세월이 흘러 성장한 롯은 아브라함에게 큰 힘이 되었다. 자녀가 없던 그에게 아들이나 진배없었다.

그런데 하나님은 아브라함으로 하여금 조카 롯을 의존하지 않도록 하신다. 머지않아 하나님이 친아들을 줄 것이니, 아브라함의 신앙여정에서 롯을 빼라는 메시지를 주신 것이다. 이것은 단순히 아브라함과 롯의 헤어짐이 아니라 하나님께서 인간 롯을 아브라함에게서 빼내신 이야기이다.

창세기 13장에서 언급하는 '롯'은 우리가 하나님만큼 의지하고 기대는 어떤 사람이나 조건을 의미한다. 예를 들어, 나를 잘 돌보아 주는 사람들일 수도 있고, 내가 자신감을 갖도록 하는 스펙이나 재능일 수도 있다. 사실 이 같은 요소들 때문에 우리가 하나님을 100% 의지하지 않고 살아가기도 하지 않는가? 하나님 아니어도 해낼 수 있다고 생각하는 것이다. 따라서

이 이야기는 아브라함만의 이야기가 아니라, 우리 모두가 진지하게 생각해 보아야 할 이야기이다. '하나님의 사람으로 살아가려면 내게서 빼야 할 것이 무엇인가?'

구약성경 이사야서 3장 1절은 이렇게 선언한다.

보아라, 주 만군의 여호와께서 예루살렘과 유다가 의지하고 의뢰하는 것을 빼 앗으신다. (사역)

하나님은 우리가 하나님보다 더 의지하는 것들을 제거하심으로 우리가 오직 그분만을 신뢰하며 살아가게 하신다. 그러므로 우리는 신앙생활에 도움이 되지 않는 습성들을 빼낼 수 있어야 한다. 내게 익숙하지만 하나님께는 기쁨이 되지 않는 것들을 단호하게 정리해야 한다. 처음에는 허전하고 섭섭해도 나의 '롯'을 떠나보내야 한다. 우리가 자주 부르는 찬양의 가사처럼 "내가 주인 삼은 모든 것 내려놓고, 내 주 되신 주 앞에 나가. 내가 사랑했던 모든 것 내려놓고, 주님만 의지"해야 한다.

본문을 자세히 관찰해 보면, 아브라함의 조카 롯은 신앙 없이 사는 자였다. 그는 지극히 세속적인 가치관을 가지고 있었다. 게다가 이미 성인이 되었기에 삼촌 아브라함의 통제권도 벗어나 있었다. 롯이 잘못되면 오히려 아브라함에게 영향을 미칠 수도 있었다. 그래서 하나님은 믿음의 사람 아브라함에게서 세속의 사람 롯을 빼내신 것이다.

오늘도 하나님은 우리의 신앙생활에 해가 되는 독소들을 빼내 주신다.

소위 디톡스의 은혜를 베풀어 주신다. 우리에게는 이 빼내 주시는 은혜가 필요하다. 때로는 만나지 않으면 좋을 사람을 만나지 않도록 미리 손써 주시는 하나님의 오묘한 은혜가 필요하다. 내게 좋지 않은 영향을 주는 사람, 세속적인 사람, 나의 영혼을 상하게 하는 사람, 나를 죄 짓는 자리로 이끄는 사람을 빼내어 주시는 은혜를 구하기 바란다.

더불어 하나님의 뺄셈이 때로는 힘들고 아프더라도 믿음으로 감수해야한다. 몸에 종기가 생겼을 때 고름을 빼내는 과정은 고통이 따른다. 상한 치아를 빼는 것은 아픔을 가져온다. 그러나 고통스럽고 아프더라도 정리할 것은 정리하고 제거해야 한다. 그래야 우리가 살기 때문이다. 그리고 하나님은 빼내는 것에서 그치지 않으신다. 뺄셈을 통해서 곱셈으로 축복하신다. 우리가 인간적이고 세상적인 것들을 빼는 만큼 하나님은 곱셈으로 축복해 주신다.

하나님은 더 많이 채워 주신다

롯이 매정하게 아브라함 곁을 떠나자마자 하나님은 아브라함에게 엄청난 복을 주신다. 아브라함도 사람인지라 롯이 선택한 소돔과 고모라성이 보기에 좋아 보였을 것이다. 어쩌면 부러웠을지도 모른다. 그래서 하나님은 아브라함의 그 마음을 위로해 주시며, 큰 축복으로 채워 주신다. 성경은 아주 구체적이며 사실적인 그림언어로 이를 설명해 준다.

롯이 서로 헤어져 살게 된 뒤 여호와께서 아브람에게 이르셨다. '아브람아, 네가 지금 서 있는 곳에서 동서남북 사방을 찬찬히 둘러보아라. 네가 지금 둘러보고 있는 땅을 내가 모두 너와 너희 후손에게 주겠다. 앞으로 영원토록 이 땅이 너희의 차지가 될 것이다. 또 내가 네 후손을 셀 수 없을 정도로 많게 하겠다. 땅의 티끌만큼이나 많게 할 것이다. 사람이 땅의 티끌을 모두 셀 수 있다면 네 후손이 얼마나 되는지도 셀 수 있을 것이다. 그만큼 엄청나게 불어나게 하겠다. 그리고 온 땅을 사방으로 왔다갔다 해보아라. 내가 그 땅을 모두 네게 주겠다.' (14-17절, 현대어성경)

살면서 그리스도인이기 때문에 양보할 때가 많지 않은가? 그런데 그런 내게 하나님이 말씀하신다. "내가 다 챙겨 주마." 이것이 하나님의 경제학이고, 축복의 승법공식이다. 하나님은 아브라함에게 매우 사실적으로 축복을 약속하신다.

"눈을 들어 바라보라. 손을 펴서 세어 보라. 발로 밟고 걸어 보라. 내가 다 줄 것이다."

영어성경에서는 이를 이렇게 역동적으로 표현한다.

"I will give you. I will make you. I am giving it to you."

창세기 13장의 시작과 결론은 매우 대칭적이다. 아브라함은 잠시 믿음이 약해져서 이집트로 내려갔었다(12장). 신앙으로 살아야 할 사람의 영적 가치관이 흐려진 것이다. 결국 이집트에서 큰 위기를 겪고, 그곳에서 나온다. 그래서 13장 1절에서는 그가 하나님을 예배하는 장소로 "올라갔다"고 표현한다. 하나님만 의지하며 살기로 마음을 다잡고 다시 예배생활을 시작한다(4절).

그의 신앙적 결단은 결코 흔들리지 않았다. 비록 조카 롯이 비옥한 땅을 몽땅 다 가져갔어도 그는 요동하지 않고 오직 하나님만 의지하며 의연하게 예배를 드렸다(18절). 이처럼 창세기 13장은 예배로 시작하고, 예배로 마감한다. 이것이 아브라함의 영성이다. 그래서 하나님은 아브라함에게 더욱 번창하는 곱셈의 복을 주신다. 이 이야기는 창세기 14장으로 이어진다.

이것이 신앙으로 사는 사람을 축복하시는 하나님의 드라마이다. 그리고 우리는 그 드라마에 동원되는 주역들이다. 따라서 우리는 세상의 계산으로 살 것이 아니라, 계산을 초월하는 신앙으로 살아야 한다. 이것이 곧 롯의 경제학과 하나님의 경제학의 차이점이다. 롯은 땅의 일부를 차지했으나, 아브라함은 온 땅을 약속 받는다. 롯은 세상의 벗이 되어 갔고, 아브라함은 하나님의 벗이 된다. 롯은 자신의 기득권 선취에 성공했으나, 아브라함은 하나님이 직접 챙겨 주신다. 결국 롯은 모든 것을 잃게 되고, 아브라함은 모든 것을 차지하게 된다. 롯은 나무는 보았는데, 숲은 보지 못한 것이다. 세상은 보았는데, 하나님은 못 보았다. 오늘은 보았는데, 내일은 보지 못했다. 롯은 미시적 선택을 한 것이고, 아브라함은 거시적 선택을 한 것이다.

한 번 더 설명하면 이렇다. 롯은 자신의 시선으로 사물을 보았고, 아브라함은 하나님의 시선으로 사방을 보았다. 롯은 요단의 들만 바라보았고, 아브라함은 하나님의 땅 동서남북을 바라보았다. 결국 롯은 요단 평원만을 차지했고, 아브라함은 하나님이 보여 주신 땅 전부를 차지하게 되었다. 한

마디로 롯은 스스로 취했지만, 아브라함은 하나님께서 직접 챙겨 주신 것이다. 하나님이 챙겨 주시는 복은 엄청나다. 잃은 것의 몇백 배, 몇천 배로 축복하시기 때문이다.

이미 12장 2절에서도 이렇게 선포하셨다.

"내가 네게 복을 주어 네 이름을 크게 할 것이니, 네가 복이 될 것이다."

오늘 우리도 모든 것을 믿음으로 바라보는 미래지향적인 그리스도인이 되기를 바란다.

멀리 바라보는 눈을 갖자

루스벨트(F. Roosevelt)는 성공을 위해서는 3F를 가져야 한다고 말한다. 'Faith, Friend, and Future'이다. 곧, Faith, 믿음으로 살고, Friend, 좋은 친구들과 살고, Future, 미래를 바라보며 사는 것이다.

우리는 스스로 질문해 보아야 한다. '내 인생은 썰물처럼 서서히 빠져나가는 운명인가, 아니면 주님의 은혜가 밀물처럼 밀려오는 더 나은 미래로 향해 가고 있는가?'

요즘 우리나라의 상황은 넛 크래커(nut-cracker)이다. 넛 크래커란, 호두를 양쪽으로 눌러서 까는 기계인데, 경제용어로 쓰일 때는 범용 표준화된 기술을 가진 중국, 첨단기술을 가진 일본으로부터 압박받는 상황을 의미한다. 그동안 우리나라는 제품의 가격 경쟁에만 너무 매달려 왔다. 그러다 보니 웬만한 핵심부품은 일본이나 독일, 해외에서 사 왔다. 그 결과 직격탄을 맞고 있는 것이다.

한 사람의 국민으로서 이 위기를 어떻게 풀어나가야 할까 하는 애절한 마음으로 책을 찾아봤다. 여러 해 전부터 맥킨지 같은 글로벌 컨설팅 기관에서는 우리나라가 자칫 잘못하면 중국과 일본의 전략적 블랙홀에 빨려 들어갈 수 있으니 미리미리 대비해야 한다고 경고해 왔다. 세계적인 투자자 짐 로저스(Jim Rogers)는, 일반적으로 가격 경쟁을 지향해 온 사업 전략은 대부분 실패해 왔다고 이야기한다. 21세기 세계 시장은 고품질 제품을 생산해 내는 자가 이기고, 또 롱런한다.

롯처럼 지금 당장의 현실에만 집중하면 모든 것이 썰물처럼 빠져나가는 미래를 맞이할 수 있다. 그래서 성경은 아브라함처럼 우직한 믿음으로 거시적 비전을 바라보고 살라는 메시지를 전하는 것이다. 믿음으로 아브라함 같은 선택을 할 때, 하나님은 내 손에서 빠져나간 것보다 훨씬 더 많은 것으로 보상해 주시기 때문이다.

요즘 하나님께서 나한테 무엇을 빼어 가시는 것 같은가? 내 마음을 든든하게 했던 어떤 것들을 빼내고 계신다고 느끼는가? 그래서 내세울 게 별로 없게 되었는가? 하지만 그로 인해 겸손해지지 않았는가. 나의 교만과 자랑을 빼셔서 더욱 겸손히 하나님만 의지하며 살도록 하시는 것이다. 그러니 내 인생을 향한 하나님의 디톡스 작업을 감사함으로 받기를 바란다. 하나님은 빼내어 가시는 만큼 곱셈의 은혜를 주실 줄 믿기를 바란다. 아브라함을 생각하며 위로를 받고, 힘을 내기를 바란다.

예수님은 마가복음 10장 30절에서 'the Great Reversal'(위대한 반전)을 약속해 주신다. 베드로를 중심으로 한 예수님의 제자들은 그들 인생에서 많은 것을 뺐다. 주님을 따르기 위해, 하나님 나라를 위해 젊음을 바쳤다. 에너지를 쏟았다. 돈을 바쳤다. 가족을 떠났다. 베드로가 예수님께 말하지 않는가? "주님, 우리는 주님을 위해 모든 것을 버렸습니다." 그때 예수님께서 얼마나 놀라운 십자가의 은혜를 말씀하시는가? 주님을 위해, 복음을 위해, 하나님 나라를 위해 뺀 만큼 하나님은 보상해 주신다. 하나님의 곱셈공식은 'Good to Great, Better to Best'이다.

이것이 예수님의 십자가 은혜이다. 예수님은 십자가 고난과 희생이라는 빼기 공식으로 우리의 모든 죗값을 빼 주셨다. 그리고 그 십자가의 은혜로 모든 좋은 것을 우리에게 더해 주고 계신다. 그래서 예수님의 십자가는 영원한 더하기, '자승(제곱)의 법칙'이다. 그러니 빼는 것을 두려워하거나 서운해하지 말기를 바란다. 날마다 나의 것을 빼고 하나님의 곱셈 은혜로 채움 받으며 살아가기를 축원한다.

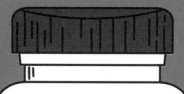

Q. 삶의 굴곡이
이해되지 않을 때

곡선인생의
은혜

출애굽기 13:17-22

Q. 삶의 굴곡이 이해되지 않을 때

곡선인생의
은혜

출애굽기 13:17-22 | 개역개정

●

¹⁷바로가 백성을 보낸 후에 블레셋 사람의 땅의 길은 가까울지라도 하나님이 그들을 그 길로 인도하지 아니하셨으니 이는 하나님이 말씀하시기를 이 백성이 전쟁을 하게 되면 마음을 돌이켜 애굽으로 돌아갈까 하셨음이라 ¹⁸그러므로 하나님이 홍해의 광야 길로 돌려 백성을 인도하시매 이스라엘 자손이 애굽 땅에서 대열을 지어 나올 때에 ¹⁹모세가 요셉의 유골을 가졌으니 이는 요셉이 이스라엘 자손으로 단단히 맹세하게 하여 이르기를 하나님이 반드시 너희를 찾아오시리니 너희는 내 유골을 여기서 가지고 나가라 하였음이더라 ²⁰그들이 숙곳을 떠나서 광야 끝 에담에 장막을 치니 ²¹여호와께서 그들 앞에서 가시며 낮에는 구름 기둥으로 그들의 길을 인도하시고 밤에는 불 기둥을 그들에게 비추사 낮이나 밤이나 진행하게 하시니 ²²낮에는 구름 기둥, 밤에는 불 기둥이 백성 앞에서 떠나지 아니하니라

●

우리나라의 도로는 세계 최고 수준이다. 어디든 최단거리로 갈 수 있게 길을 뚫는다. 산악지대라고 예외가 아니다. 산을 깎고 터널을 뚫어 직선으로 갈 수 있게 도로를 만든다.

그런데 직선도로를 따라 달리다 보니 여행의 낭만이 없어졌다. 길 위에서의 즐거움이 사라졌다. 그동안은 굽이굽이 능선을 따라 고갯길을 넘어가는 여행을 했다. 대관령, 한계령, 진부령, 미시령, 추풍령, 문경세재 같은 고갯길을 넘어가면서 중간중간 쉼을 갖기도 했다. 힘겹게 올라가서는 정상 휴게소에서 잠시 휴식하며 차 한 잔을 마시는 낭만을 즐겼다. 높은 곳에서 저 아래를 내려다보는 즐거움을 누렸다. 여유가 있는 여행이었다.

우리에게 진짜 좋은 여행, 기억에 남는 여행은 목적지로 향하는 길에서의 중간 여정이다. 가는 길이건 돌아오는 길이건 중간에 멈춰서 사진을 찍고, 맛집을 즐기는 여행이 훨씬 더 낭만적이다. 어떤 사람은 이렇게 말하기도 한다. "여정 없는 여행은 앙꼬 없는 찐빵이다." 그만큼 '여정'이 좋아야 기억에 남는 여행이라는 의미일 것이다. 가던 길을 멈추고 잠시 즐기는 여유, 그게 바로 곡선적 삶의 효과이다. 그래서 유럽의 나라들은 직선도로를 많이 만들지 않는다.

전기에서도 교류 방식의 전기가 훨씬 더 효율적일 때가 있는데, 직류 방식의 전기만 고집해서 실패한 사람이 바로 에디슨이다. 직류만이 길이요, 진리라는 고집 때문에 에디슨은 외통수에 걸리고 말았다.

나는 유영만 교수의 책, 『곡선이 이긴다』에서 많은 통찰력을 얻었다. 그래서 그것을 나누려고 한다.

곡선의 마음을 회복해야 한다

우리나라는 많은 영역이 각박하게 직선화되어 있다. 그러다 보니 융통성이 사라지고 말았다. 마음의 여유가 사라졌고, 치열한 경쟁만이 남아 인간 본연의 행복을 앗아 갔다. 사람을 대할 때도 직선적이고 공격적이 되고 있다. 본래 부드러운 완곡어법을 사용했던 우리가 요즘은 돌직구를 날린다. 매사에 날카롭게 반응한다.

이런 현실에서 우리에게 필요한 것이 '곡선의 마음'이다. 부드러운 마음을 회복해야 한다. 세상을 살아가는 데 필요한 지혜는 곡선에서 나온다. 우리가 존경하는 인물들은 모두 곡선으로 살아왔다는 것을 아는가?

나는 독일의 영성운동가 마틴 슐레스케(Martin Schleske)가 쓴 『가문비나무의 노래』를 통해서 '직선형 인간과 곡선형 인간의 차이점'에 대해 깊이 깨달은 바가 있다.

'직선이란 무엇일까? 우회를 용납하지 않는 완고함을 말한다. 즉, 자기 포기를 용납하지 않는 고루함이다. 다른 사람을 살피거나 배려할 줄 모르고 앞만 향해 달려가는 마음일 것이다. 목표 지향적으로 살아가기에 옆을 보지 못하는 좁은 시야에 갇히게 될 확률이 크다. 이처럼 직선적인 마음은 모든 것을 자기 기준에 따라 밀고, 끌고, 잡아당기고, 주무르려 한다. 그러다 보니 우리는 가끔 하나님마저도 뜯어고치려 든다.'

기도를 오래 하고, 또 많이 한다. 뜨겁게, 간절히 한다. 그러나 하나님의 음성을 듣고, 하나님의 뜻을 받아들이려고 하기보다 나의 주장, 나의 계획, 나의 목표, 나의 것을 관철하기 위해 하나님의 궤도를 수정하려고 한다. 내가 바뀌기 위해 기도하는 것이 아니라, 하나님을 뜯어고치려고 한다. 이것이 직선의 마음이다.

곡선이 직선과 다른 점은, 곡선은 무언가를 안을 수 있다는 것이다. 직선으로 잘 정리한 운하나 강일수록 많은 것을 그냥 흘려보낸다. 진펄이 사라져 생태계를 죽인다. 반면에 자연스럽게 굽이굽이 흐르는 강물에는 식물과 물고기가 풍성한 생태계를 이룬다. 휘어진 만큼 모든 것을 끌어안기 때문이다. 곡선에는 다양한 공간이 있다.

여자가 어머니가 되는 근본은 여성의 전인적 구조가 곡선형이기 때문이다. 여자가 남자보다 아름다운 이유 중 하나도 곡선미이다. 그래서 이 세상의 모든 예술작품은 곡선의 미를 최대한 드러낸다.

세상의 아름다운 많은 것이 곡선으로 이루어져 있다. 우리의 몸부터 시작하여 우주시스템, 자연계, 은하계, 예술작품, 건축 양식, 비행기나 자동차, 웬만한 스마트 기기들도 곡선형이다. 스페인을 대표하는 천재건축가 안토니 가우디(Antoni Gaudi)가 설계한 바르셀로나의 가우디 성당이나 구엘 공원은 곡선형 작품의 대명사이다.

요즘 우리는 전자메일이나 문자메시지를 통해 다양한 이모티콘을 사용한다. 그런데 여기서도 동서양의 차이가 나타난다. 서양인들의 미소 이모티콘은 곡선형이다. 반면에 동양인들의 미소 이모티콘은 직선형이다. 웃는 표정이 되려면 눈이나 입이 곡선이 되어야 한다. 직선이 되면 화난 표정으로 바뀐다. 표정을 봐도, 사람과 사람의 마음을 가깝게 연결하는 선은 곡선이다.

하나님은 우리가 인생이라는 여정에서 지치지 않도록 곡선형으로 인도해 가신다. 이것이 본문의 메시지이다.

부푼 꿈을 안고 출애굽을 한 이스라엘 백성을 하나님이 가나안 땅으로 인도하신다. 이때 그들을 인도하시는 하나님의 방법이 곡선형 인생 훈련이다. 가까운 거리가 아닌 먼 거리로 그들을 이끄신다. 편한 길이 아닌 힘든 길로 안내하신다. 반듯하게 가게 하지 않으시고, 돌아가게 하신다. 직선도로가 아닌 우회도로, 지름길이 아닌 장거리 코스로 인도하신다.

이스라엘 백성이 이집트에서 가나안 땅으로 가는 방법은 총 세 가지이다. 지중해 연안을 따라가는 북방 길, 시내광야를 관통하는 중앙 횡단 길, 시내산 아래쪽으로 우회하는 남방 길이다. 그런데 하나님은 짧은 거리보다 무려 4배나 더 긴 우회 길로 인도하시며, 곡선형 인생 훈련을 시키신다.

인간은 직행을 좋아한다. 삶으로 풀어 이야기하자면, 대학도 한 번에 들어가고, 졸업도 한 번에 하고, 취직도 한 번에 성공하고, 결혼도 바로 하고, 출산도 바로 하기를 원한다. 그런데 하나님은 때때로 우리를 완행으로 이끌어 가신다. 곡선으로 이끌어 가신다. 이처럼 때때로 하나님이 직행보다 선회를 선호하시는 이유와 목적은 무엇일까?

본문은 하나님께서 우리를 곡선형 인생으로 이끌어 가시는 이유와 목적을 분명하게 보여 준다. 먼저 '왜' 광야 길로 인도하시는지 설명하고(17

절), 이어 '어떻게' 인도하시는지 매우 사실적으로 설명한다(18-22절).

본문 말씀을 통해 우리를 곡선형 인생으로 훈련하시는 이유를 깨닫고, 그 하나님의 은혜를 힘입어 멋진 인생을 살아갈 수 있게 되기를 바란다.

삶의 여정에서 하나님의 작품으로 만들어져 가자

우리는 각자 인생의 마스터플랜을 세우고, 나름대로 최선을 다한다. 하지만 모든 게 뜻대로 되지는 않는다. 오히려 일이 쉽게 풀리지 않는 경우가 비일비재하다. 예정하고 기대했던 것보다 굉장히 오래 걸리는 경우 또한 많다.

이스라엘 백성이 그랬다. 그러나 곡선 인생 훈련을 통해 이스라엘은 세계 최고의 민족이 되었다. 하나님이 만들어 주신 작품이 된 것이다. 그렇다. 작품은 시간이 오래 걸릴 수 있다.

대나무는 상당히 빠른 속도로 성장하지만 반드시 잠시 멈춤을 통해 단단한 마디를 형성한다. 그 마디가 세찬 비바람에도 부러지지 않도록 대나무에 힘을 준다.

대한민국 대표 골프선수 박세리가 이런 고백을 한 적이 있다. 어느 날부터 승리에 대한 부담감 때문에 골프를 즐기지 못하고 승리에만 집착하게 되었다고 한다. 멈춤과 쉼 없는 질주가 자신을 깊은 슬럼프에 빠지게 했다는 것이다. 직선으로만 달리다 보면 누구나 지치게 된다.

자연의학에서는 병을 이렇게 정의한다. "병이란 잠시 멈춰서 휴식을 취

하라는 몸의 명령이다." 일본의 면역학자 아보 토오루(Abo Toru) 박사는 이렇게 말한다. "목욕을 하고 푹 잤는데도 피곤하다면 당신은 분명 과로한 것이다."

우리는 때때로 정지해야 더 높은 단계로 나아갈 수 있다. 검도에서는 '중단 겨눔'을 아주 중요하게 여긴다. 상대방을 공격할 때 비록 짧은 순간이지만 '중단의 겨눔'이 있어야 자신의 위치를 파악하고, 상대의 어디를 공격할지 가늠할 수 있기 때문이다.

직선형으로 성공 가도만을 달려온 사람일수록 융통성이 없다. 화려한 스펙이나 외양에 비해 그들의 내면은 너무나 황량하다. 그러나 곡선형 인생을 살아온 사람들은 삶의 굴곡을 지나오면서 내공을 쌓게 된다. 인생의 여러 우여곡절에서 여기저기 부딪혀도 보고, 또 극복해 나가면서 자신의 내면을 다듬게 되는 것이다. 그래서 곡선형 인생을 살아온 사람일수록 포용적이다.

곡선형 인생을 살아온 사람은 마치 물과 같다. 물은 직선을 고집하지 않는다. 바위를 만나면 뚫고 지나가려 하지 않고 유연하게 돌아간다. 자연스럽게 굽이굽이 흘러간다. 부드럽게 순응하면서도 결코 멈추지 않는다. 물은 흘러가다가 웅덩이를 만나면 다 찰 때까지 기다린다. 결코 서두르지 않는다. 좁은 길을 만나면 물살이 빨라지고, 넓은 강을 만나면 산천초목을 다 굽어보면서 유유자적 흘러간다. 물은 모든 상황에 잘 적응한다. 이처럼 곡선형 인간은 흐르는 물처럼 언제든지 속도와 방향을 조정하며 살아간다.

당신은 어떠한가? 직선형 인생을 살고 있는가, 곡선형 인생을 살고 있는가? 새벽별 보고 저녁별 보며 정신없이 살고 있다면, 사랑하는 가족들 얼굴도 제대로 보지 못하고 살고 있다면, 속도와 방향을 조정해야 한다. 가던 길이 막히면 돌아가는 여유를 가질 수 있기를 바란다. 남보다 잘하려고만 애쓰는 직선형 사람 대신, 전보다 잘하려고 애쓰는 곡선형 사람이 되기를 바란다. "남보다 잘하려고 하지 말고, 전보다 잘하려고 하자"를 마음에 새기자. 자신의 리듬을 조정하며 살 수 있기를 바란다.

성공한 사람들의 공통점은 인생의 정상에 올라가기 위해서 부단히 노력했을 뿐만 아니라, 내려가는 연습도 소홀하지 않았다는 것이다. 비행기가 아무리 이륙을 잘했어도 착륙에 실패하면 큰일이다. 산악인이 정상을 정복했어도 내려오지 못하면 비극을 맞이한다. 직선형은 내려감을 추락으로 여기지만, 곡선형은 돌아감으로 여긴다.

직선 인생을 살다 보면, 과정의 낭만이 사라진다. 정답을 빨리 찾는 것에만 매진하면, 삶의 과정에서 공력을 쌓아가는 낭만적 여유를 갖지 못한다. 이 같은 직선 인생의 특징은 조급함과 비정함으로 '정면 돌파'만을 고집한다는 것이다. 그러다 보니 저항과 충돌이 많다. 사람들과 잘 부딪친다. 그러나 곡선 인생의 특징은 느긋함과 여유로움이다.

직선은 end로 질주하고, 곡선은 and를 지향한다. 그러나 인생은 end 게임이 아닌, and의 향연이라고 말할 수 있다. 마찬가지로 하나님의 은혜 역사는 end가 아니라, and의 연속이다. 비록 사업의 진행이나 목표 달성, 기도응답이 더딜지라도 하나님의 은혜는 계속 and임을 기억하기를 바란다. 요한복음 1장 16절 말씀 그대로 은혜 위에 은혜가 계속 더해 간다. 하나님의 은혜 역사는 영원한 and이다.

전나무는 가장 불안할 때 가장 화려한 꽃을 피워 낸다고 한다. 우리가 곡선형 인생을 살수록 전나무와 같이 '역경'을 뒤집어 '경력'으로 만들어 낸다. 수많은 역경이 결국 나의 인생 스토리가 된다. 구부러진 인생 곡선을 따라 살아가면서 성숙함의 나이테를 이루어 가는 것이다.

유영만 박사는 곡선형 인생을 사는 사람에게는 6가지 특징이 있다고 이야기한다. 첫째, 더디 가도 걱정하지 않는다. 둘째, 돌아가도 조급해하지 않는다. 셋째, 뒤로 가도 아쉬워하지 않는다. 넷째, 넘어져도 포기하지 않는다. 다섯째, 내려가도 두려워하지 않는다. 여섯째, 헤매어도 불안에 떨지 않는다.

오늘 우리도 이런 곡선형의 여유로운 마음가짐이 필요하다. 가던 길이 막히면 돌아갈 수 있어야 한다. 걸림돌이 나타나면 디딤돌로 삼아야 한다. 이런 곡선형 마인드로 살아간다면 당신도 얼마든지 하나님의 작품이 될 수 있다.

삶의 여정에서 하나님을 경험하는 낭만을 즐기자

나는 인생을 고행으로 여기지 않고, 여행으로 여긴다. 인생이 여행일 때, 삶의 여정에서 하나님의 살아계심을 생생하게 체험하는 낭만을 즐길 수 있다. 하나님의 위대하심과 보살피심을 하루하루 맛보며 살아갈 수 있다.

본문에서는 하나님께서 이스라엘 백성보다 앞서가시며 인도해 주심을 역력히 강조한다. 17절에서는 인간의 생각을 뛰어넘는 방법, 곧 일교차가 심한 사막지대에서 낮에는 구름기둥으로, 밤에는 불기둥으로 인도해 가신다. 18절에서는 한 번도 걸어 보지 않은 미지의 광야 길로 인도해 가신다. 19절에서는 하나님이 친히 찾아오셔서 인도해 주신다. 느헤미야 9장 19절에서는 하나님께서 광야 40년 동안 한 번도 이스라엘을 떠나지 않으셨음을 상기시켜 준다.

하나님은 결코 우리 곁을 떠나지 않으신다. 구약성경 신명기 32장 10절 말씀대로, 하나님은 우리를 눈동자처럼 지켜 주시고, 돌보아 주신다. 때때로 우리 인생이 곡선형으로 돌아간다 할지라도 염려하지 말기를 바란다. 하나님은 우리를 앞서가시며, 인도해 주시고, 돌보아 주신다. 내 인생의 어떤 우여곡절에서도 주님은 나와 함께해 주신다. 직선형 인생이 자신의 생각대로 사는 삶이라면, 곡선형은 유연하게 하나님의 뜻을 따르는 삶이다. 그렇게 살아갈 때, 하나님은 우리를 그분의 작품으로 만들어 주신다. 나를 작품으로 만드시는 그 주님을 체험하며 살아가기를 바란다.

고난은 악이 아니라 약이다

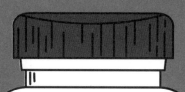

Q. 질병과 아픔으로
고통당할 때

칼을
다시 칼집에
꽂으시는 긍휼

역대상 21:1-22:1

Q. 질병과 아픔으로 고통당할 때

칼을 다시
칼집에 꽂으시는 긍휼

역대상 21:1-22:1 | 현대어성경

●

¹이스라엘이 사방의 적들을 정벌하여 모두 굴복시키자, 이번에는 마귀가 이스라엘을 유혹하여 재앙을 당하게 하려고 일어났다. 마귀는 이스라엘의 백전백승의 노장인 다윗을 꾀어 하나님의 권리를 침해하도록 부추겼다. 그러자 전쟁을 목적으로 인구조사를 하는 것은 언제나 하나님의 허락을 받도록 되어 있었는데도 다윗이 이것을 어기고 독단적으로 인구조사를 하여, 백성에게 병역과 강제 노동의 임무와 세금을 부과할 결심을 하게 되었다. ²다윗은 이제 스스로 행정 명령을 내리기 시작하였다. 그는 군대 총사령관 요압과 백성의 지도자들을 불러 위압적으로 이렇게 말하였다. '여러분은 브엘세바에서부터 단까지 전역을 돌아다니며 이스라엘의 인구를 조사하시오. 그래서 이 나라의 병력이 얼마나 되는가를 내가 알 수 있도록 그 결과를 보고해 주시오.' ³요압 장군은 즉각 백성의 반발을 의식하고 간곡히 만류하였다. '내 주 임금이시여, 여호와께서 그분의 백성인 이스라엘을 지금보다도 백배나 더 많게 늘려 주시기를 이 몸도 진심으로 원합니다. 그러나 이 수많은 백성이 모두 기쁘게 임금님을 섬기며, 이미 충성을 다하고 있지 않습니까? 그러니 그것으로 만족하십시오! 지금 인구를 조사하시면, 모두 다 전쟁 준비를 하거나 세금을 더 내게 하거나 부역을 부과할 것으로 생각하고 반감을 품게 될 것입니다. 그런데도 무엇 때문에 그런 명령을 내려 백성을 자극하려 하십니까? 이스라엘을 큰 죄에 빠뜨리실 작정이십니까?' ⁴그러나 요압의 간청에도 불구하고 왕은 명령을 거두려 하지 않았다. 오히려 그에게 무조건 복종할 것을 명하였다. 이렇게 하여 요압이 궁중에서 나가 온 나라를 돌아다

니며 조사한 뒤에 다시 예루살렘으로 돌아와 ⁵다윗에게 그 결과를 보고하였다. '지금 칼을 들고 나가 싸울 수 있는 사람이 이스라엘에만 110만 명이 됩니다. 또 유다 사람 47만 명이 있습니다.' ⁶그러나 요압은 왕의 명령에 불만을 품고 있었으므로 레위 지파와 베냐민 지파의 인구는 조사하지 않았다. ⁷하나님께서 다윗이 인구조사를 한 일에 대하여 나쁘게 보시고 이스라엘을 내려치시자 ⁸그제야 다윗이 자신의 허물을 깨닫고 하나님께 죄를 고백하였다. '제가 큰 죄를 저질렀습니다. 저의 죄를 용서해 주소서! 제가 경솔한 탓에 그런 행동을 저질렀습니다.' ⁹여호와께서 다윗의 참모인 예언자 갓에게 말씀하셨다. ¹⁰'너는 가서 다윗에게 이렇게 전하라. '내가 세 가지 벌을 열거하겠으니 너는 그중에서 하나를 택하여라. 그러면 내가 그 벌을 네게 내리겠다' ¹¹예언자 갓이 왕궁으로 다윗을 찾아가서 말하였다. '여호와께서 이렇게 말씀하셨습니다. '내가 이제 세 가지 형벌을 열거하겠으니, 너는 그 중에서 하나를 택하여라. ¹²삼 년 동안 흉년을 당하겠느냐? 석 달 동안 원수의 칼에 쫓겨 다니겠느냐? 사흘 동안 온 나라에 전염병을 퍼뜨려 수많은 사람을 죽게 할 이 여호와의 칼을 맞겠느냐?' 그러니 임금님, 잘 생각해 보시고, 나를 보내신 분에게 무슨 대답을 가지고 돌아가야 옳을지를 결정해 주십시오.' 갓은 똑같이 다 무서운 형벌들 가운데서 어느 것 하나를 선택하라고 다윗에게 재촉하였다. ¹³마침내 다윗이 갓에게 대답하였다. '정말 어찌해야 좋을지 모르겠소. 그러나 꼭 그래야 된다면, 차라리 한없이 자애로우신 여호와의 손에 직접 벌을 받겠소. 어떤 경우에도 내가 원수의 손아귀에 들어가 굴욕을 당하는 일만은 피하겠소!' ¹⁴그러자 여호와께서 이스라엘 백성 가운데 전염병을 퍼뜨리셔서, 이스라엘 사람 7만 명이 죽었다. ¹⁵여호와의 천사가 이스라엘 온 지방을 두루 다니며 재앙을 내리고, 이윽고 수도 예루살렘으로 가서 백성을 멸하려고 할 때였다. 하나님께서 내려다보시고 그들을 불쌍히 여겨 그 일을 중단할 것을 명하셨다. '그만하면 충분하다 더 이상 쳐죽이지 말아라!' 이때에 여호와의 천사는 마침 여부스 사람 오르난의 타작마당에 서 있었다. ¹⁶다윗은 마침 베옷을 입고 장로들과 함께 죄를 고백하려고 기브온 언덕 위의 성소로 올라가다가 하늘과 땅 사이의 공중에 칼을 빼어 들고 예루살렘 쪽을 가리키며 떠 있는 천사의 모습을 보게 되었다. 그것을 보자 다윗은 장로들과 함께 그 자리에 엎드려 얼굴을 땅에 대고 ¹⁷참회의 기도를 드렸다. '나의 하나님 여호와여, 죄지은 사람은 바로 저입니다! 제가 인구를 조사하도록 명령을 내렸습니다. 왕인 제가 아주 큰 죄를 지었습니다. 그러나 이 양 떼 같은 백성은 아무 잘못도 없습니다. 나의 하나님 여호와여, 형벌은 저와 제 가문에만 내리시고, 죄 없는 주님의 백성에게는 저 무서운 재앙을 내리지 마소서!' ¹⁸여호와의 천사가 예언자 갓에게 말하였다. '그대는 다윗에게 '곧 오르난 타작마당으로 가서 여호와를 모실 제단을 쌓으라고 전하시오' ¹⁹이에 예언자 갓이 다윗에게 가서 여호와의 이름으로 명령하자, 다윗이 그 말에 따라 타작마당으로 갔다. ²⁰그때 오르난은 네 아들을 데리고 밀을 타작하고 있었는데, 우연히 뒤를 돌아보다가 공중에 떠 있는 천사를 보게 되었다. 그의 네 아들들은 모두 달아나 숨었다. ²¹오르난은 다윗이 올라오는 것을 보자 곧 타작마당에서 나와 왕에게 얼굴이 땅에 닿도록 절을 하였다. ²²다윗이 오르난에게 말하였다. '이 타작마당을 내게 넘겨주시오. 물론 제값은 다 쳐주겠소. 이곳에 여호와를 섬길 제단을 쌓아 백성에게 내린 전염병을 물리쳐야 되겠소' ²³오르난이 대답하였다. '내 주 임금님, 그렇게 하십시오. 마음대로 타작마당을 사용하십시오! 이 타작마당은 물론 번제물로 드릴 소들과 땔감으로 쓸 타작 기구들과 소제물로 쓸 밀도 그냥 드리겠습니다.' ²⁴그러자 다윗왕이 말하였다. '그럴 수는 없소! 제 값을 다 주고 이 타작마당을 사겠소. 나는 여호와께 바치고자 그대의 재산을 빼앗을 생각은 없소. 또 남이 선물한 것을 가지고 여호와께 제물로 바치고 싶지도 않소' ²⁵다윗은 그에게 터값으로 금 600세겔을 주었다. ²⁶그런 뒤에야 비로소 다윗은 그곳에 여호와를 섬기는 제단을 쌓고, 번제물과 화목제물을 바친 다음 여호와께 재앙을 거두어 달라고 호소하였다. 여호와께서는 다윗의 호소에 응답해 주시는 표시로 하늘에서 불을 보내어 제단 위의 번제물을 태우셨다. ²⁷그리고 천사에게 칼을 다시 칼집에 꽂으라고 명령하셨다. ²⁸여호와께서 여부스 사람 오르난의 타작마당에서 불꽃으로 다윗에게 응답하시자, 그 뒤부터 다윗은 거기서 여호와께 제물을 바치기 시작하였다. ²⁹그때까지는 모세가 광야시대에 만들었던 성막과 번제단이 아직도 기브온 성소에 있어서 ³⁰다윗이 그곳으로 가서 여호와의 뜻을 여쭈어 왔다. 그러나 여호와의 천사가 칼을 빼어 들고 있는 것을 보고 난 뒤로는 다윗이 더 이상 그곳으로 갈 수가 없었던 것이다. ¹다윗이 말하였다. '여기가 우리의 하나님 여호와를 위하여 성전을 지을 터요, 이스라엘 백성이 번제물을 바칠 제단이다!'

●

최근에 재미있는 글을 읽었다. 내용의 일부를 잠시 소개하자면, 하나님께서 지켜 주시지 못하는 것 세 가지가 있다고 한다. 과식하는 사람의 위장, 과로하는 사람의 건강, 과욕을 품는 사람의 재산이다. 곧 '과식, 과로, 과욕'의 결과들이다.

'인위재사 조위식망'(人爲財死 鳥爲食亡)이라는 말이 있다. '사람은 재물 때문에 죽고, 새는 먹이 때문에 죽는다'는 뜻이다. 이것이 인간의 근본 문제이다. 요즘 전 인류를 힘들게 하는 환경오염, 지구온난화, 질병의 문제는 모두 인간의 욕심 때문에 발생한 것이다. 우리가 살면서 기억하며 수용해야 할 것은 '모든 일은 자업자득'이라는 사실이다. 대부분의 재앙이 천재가 아닌 인재이다.

그런데 여기서 우리는 본문 27절 말씀에 시선을 고정할 필요가 있다.

그리고 천사에게 칼을 다시 칼집에 꽂으라고 명령하셨다. (현대어성경)

"진노의 칼을 다시 칼집에 꽂으라"(sword into sheath)는 하나님의 명령에서 하나님이 어떤 분이신지에 관한 놀라운 의미가 함축되어 있다.

하나님의 본성은 사랑이다. 그 사랑은 '은혜'와 '긍휼'이라는 두 가지 핵심을 담고 있다. 은혜는 받을 자격이 없는 자에게 베풀어 주시는 사랑의 호의를 말하고, 긍휼은 벌을 받아야 마땅한데 사랑으로 감싸 주고 덮어 주시는 자비를 뜻한다. 이러한 본성 때문에 하나님은 인간을 향한 진노를 긍휼로 바꾸어 주신다. 분노를 사랑으로, 심판을 자비로, 처벌을 치유로 전환시켜 주신다.

특히 하나님은 인간의 질병과 고난을 불쌍히 여기신다. 민망히 여기신다(사 49:13). 따라서 인생의 어려움을 푸는 답은 주님의 긍휼에 있다. 이를 증명하듯 성경에서는 '긍휼'이라는 단어를 500번 이상 반복하고 있다. 성경의 이야기는 시종일관 긍휼로 해결된 사건에 대한 것들이다.

하나님께서 긍휼을 베풀어 주시지 않고 공명정당하게 나를 심판하셨다면, 나는 천만 번 죽고 또 죽었을 것이다. 우리 모두가 그렇지 않은가? 그분의 긍휼로 오늘의 내가 있는 것이다. 이 사실을 날마다 고백할 수 있어야 한다.

성경을 읽어 보면, 예수님을 만나 해답을 얻은 사람들에게서 공통점을 발견할 수 있다. 오직 그분의 긍휼과 자비로 불행을 극복했다는 것이다. 긍휼만이 최고의 해법이다. 특히 하나님은 죄를 회개하는 자에게 놀라운 긍휼을 베풀어 주신다. 근본적인 문제를 해결해 주신다. 그러므로 우리는 회개를 회복해야 한다. 우리는 지금 하나님 앞에서 너무 기고만장하게 살고 있다. 모든 면에서 하나님께 도전하며 신성모독을 일삼고 있다. 포스트모더니즘 이후로 온 세상이 하나님을 향해 정면도전하고 있다. 하나님이 기침 한 번만 하셔도 세상이 아수라장이 된다는 것을 잊은 채 말이다.

사탄은 우리를 교만하게 만들지만, 성령님은 회개하게 하신다

본문의 배경은 이렇다. 다윗은 이스라엘의 왕이 된 후 30년 동안 승승

장구했다. 그야말로 무적의 영웅이 되었다. 그러던 어느 날, 사탄의 충동에 넘어가 교만한 마음을 품게 된다. 자신의 공로와 업적, 성과를 과시하고 싶은 마음이 생긴 것이다. 그래서 인구조사를 시행한다. 오해하지 말아야 할 것은, 국가의 인구조사가 잘못된 일이라는 것이 아니다. 그 일의 동기가 불순했다는 것이 문제이다. 다윗이 자신의 업적을 과시하고 싶어서 인구조사를 한 것이기 때문이다.

성경을 보면 이스라엘 국가의 인구조사는 세 차례 있었다. 첫 번째는 출애굽 이후 광야를 조직적으로 이동하기 위해서였고(민 1장), 두 번째는 가나안 땅에 정착하여 땅을 공정하게 분배하기 위한 것이었다(민 26장). 그리고 세 번째 인구조사가 바로 다윗이 한 것으로, 자신의 실세를 과시하려는 이유였다.

역대상 21장 1절에는 사탄이 다윗을 부추겼다고 분명히 말한다. 똑같은 내용이 사무엘하 24장 1절에도 나온다. 사탄은 다윗에게 "당신 정말 대단해. 당신은 제왕이니 인구를 조사해 봐! 네가 얼마나 큰 업적을 이룬 대단한 인물이지 보여 줘야지"라고 속삭였을 것이다.

본문의 메시지는 우리에게 매우 실제적인 가르침을 준다.

첫째, 사탄은 사람의 마음을 교만하게 한다. 앞서 언급했듯이 다윗이 인구조사를 한 것은 자신의 치세와 업적을 과시하기 위해서였다. 자신이 왕으로 있는 나라가 얼마나 막강한 힘을 가지고 있는지 자랑하고 싶었던 것이다. 이것이 사탄의 충동이었다. 사탄은 사람을 교만하도록 부추긴다. 우리가 스스로를 과시하도록 선동한다. 그러므로 우리는 교만의 영이 침투하지 못하도록 늘 긴장하며 내면을 잘 관리해야 한다.

둘째, 사탄은 사람의 마음을 고집스럽게 한다. 다윗이 인구조사를 강행하려고 하자 그의 오른팔 역할을 했던 요압은 인구조사를 하지 말라고 간곡히 호소한다. 다윗의 실수를 막으려고 한 것이다. 그러나 다윗은 완강했다. 왕의 명령이니 빨리 시행하라고 재촉했다(4절). 사탄은 때때로 사람의 영을 어둡게 하여 마음이 강퍅해지도록 한다. 그렇게 되면 억지를 부리게 된다. 기질적으로 고집이 셀 수도 있지만, 사탄의 속임수로 고집이 세어질 수도 있다. 이 같은 사탄의 계략에 휘말리지 않기 위해 우리는 늘 영적으로 깨어 있어야 한다. 영적 분별력을 길러야 한다. 잘되고 있을수록 더욱 조심해야 한다. 역경을 이기는 자가 100명이라면, 번영을 이기는 자는 소수이다. 역경은 그런 대로 이겨 낼 수 있다. 그런데 인생이 잘 풀릴 때 자기관리에 철저하기란 어렵다.

셋째, 성령님은 사람의 마음에 감동을 주신다. 성령님이 우리에게 은혜를 주시는 첫 번째 단계가 죄를 깨닫게 하시는 일이다. 영을 밝게 하셔서 내 안의 잘못을 보게 하신다. 다윗이 자신의 잘못을 깨닫게 된 것도 성령님의 감동 때문이다. 다윗은 진솔하게 고백한다.

다윗의 진정한 회개는 언제나 가슴 뭉클하다.

내가 이 일을 행함으로 큰 죄를 범하였나이다… 내가 심히 미련하게 행하였나이다 (8절, 개역개정)

다윗의 훌륭한 점이 여기 있다. 그는 잘 깨닫는 자이다. 그리고 깨달았을 때 곧바로 죄를 고백하고 회개한다. 이것이 성령의 사람의 특징이다.

회개의 영을 사모하기를 바란다. 성경을 보면 하나님은 완벽한 자에게 복을 주시는 것이 아니라, 회개하는 자에게 은혜와 긍휼을 베풀어 주신다. 사탄은 교만하게 만들고 고집을 부리게 하지만, 성령님은 깨닫게 하시고 회개하게 하신다.

하나님의 긍휼은 진노보다 크다

하나님은 진노보다 훨씬 더 큰 긍휼을 베푸신다. 이것이 본문의 핵심이다. 하나님의 긍휼은 진노보다 훨씬 크다. 하나님은 다윗을 더욱 큰사람으로 만드시려고 죗값에 대한 세 가지 옵션을 제시하신다. 첫째, 3년 동안의 기근, 둘째, 3개월 동안의 전쟁, 셋째, 3일 동안의 환난이다. 이 중 하나를 선택하라고 다윗에게 말씀하신다. 참으로 신사적이시지 않은가?

하나님은 항상 피할 길을 주신다. 진노 중에도 뜻을 돌이켜 긍휼을 베풀어 주신다. 신앙의 사람 다윗은 이와 같은 긍휼의 하나님을 믿었기에 사흘 동안의 환난을 선택한다. 그 결과, 전국에 전염병이 돌아 7만 명이 죽는다. 자신의 잘못 때문에 백성이 피해를 입는 것을 보고 마음이 급해진 다윗은 하나님께 애절하게 긍휼을 호소한다. 그리고 다윗의 호소에 하나님은 그 심판을 멈추어 주신다. "여호와께서 천사에게 칼을 다시 칼집에 꽂으라고 명령하셨다"(27절).

"진노의 칼을 다시 칼집에 꽂으라"(sword into sheath). 하나님의 진노 중단 선언이다. 심판 종결이다. 긍휼의 선처이고, 자비의 배려이다. 하나님은 이런 분이시다.

하나님은 오늘도 긍휼이 여길 자를 긍휼이 여겨 주신다. 긍휼을 호소하는 자에게 자비를 베풀어 주신다. 예수님을 만나 치유기적을 체험한 사람들은 하나같이 긍휼을 호소한 자들이다. 우리 주님은 애절하게 긍휼을 호소하는 자에게 놀라운 기적을 일으켜 주신다(마 20:30-34). 문제는 내가 만들었고, 사고는 내가 저질렀어도 하나님이 긍휼로 해결해 주신다.

열네 살짜리 소녀가 프랑스 황제 나폴레옹을 찾아와서 그의 발 앞에 무릎을 꿇고 애원했다.

"폐하, 용서해 주세요! 제 아버지를 용서해 주세요."

그러나 나폴레옹은 매정하게 대답했다.

"소녀야, 안타깝구나. 네 아버지는 두 번씩이나 국가 반역죄를 범하였으니 처벌을 받아야 한다."

그러자 소녀는 이렇게 외쳤다.

"폐하, 잘 알고 있습니다. 그러기에 저는 정의의 재판을 요구하는 것이 아니라, 오직 자비에 호소하는 것입니다. 오, 폐하! 간청합니다. 제 아버지에게 긍휼과 자비를 베풀어 주세요."

나폴레옹 황제는 그 어린 딸의 호소에 감동을 받고, 아이의 손을 잡고서 이렇게 말했다.

"그래 얘야, 내가 너를 위해서 네 아버지에게 긍휼을 베풀어 아버지를 석방해 주마."

한 아이의 애절한 호소가 황제의 마음을 움직인 것이다. 이 같은 긍휼의 역사가 우리에게 날마다 일어날 수 있음을 기억하기를 바란다.

교회는 하나님의 긍휼을 체험하는 곳이다

본문의 이야기는 하나님이 진노를 거두신 것으로 끝나도 괜찮다. 그런데 사실 이 이야기의 진정한 끝은 22장 1절이다. 최근에 성경들은 22장 1절을 21장 마지막 부분으로 재배치했다.

성경은 하나님이 이런 놀라운 긍휼을 베풀어 주시는 장소가 어디인지를 매우 구체적으로 설명한다. 15절을 보면 "여부스 사람 오르난의 타작마당"이라고 기록되어 있다. 여기는 예루살렘 동쪽 모리아산 평지에 해당한다(창 22:1-14). 우리가 잘 알고 있는 곳이다. 바로 아브라함이 이삭을 번제물로 바치려고 칼을 빼 들었을 때 천사가 나타나서 그의 칼을 다시 칼집에 꽂게 했던 긍휼과 자비의 장소이다. 그리고 이곳에서 하나님은 다윗을 향한 진노를 멈추시고 칼을 다시 칼집에 꽂도록 천사에게 명령하신 것이다. 그래서 다윗은 이곳을 굉장히 비싼 값으로 사서 성전 터로 삼는다(24-25절).

이런 맥락에서 이 이야기는 22장 1절로 이어진다. 다윗은 바로 이곳에 하나님이 긍휼을 베푸시는 시은소(Mercy Seat)인 성전이 세워질 것을 확정적으로 선포하며 외친다. 눈물과 감격으로 노래한다.

이 곳에 여호와 하나님의 성전을 짓고 번제단을 쌓을 것이다. (쉬운성경)

그리고 이 장소가 예루살렘 성전 터가 된다. 이런 역사적 배경으로 솔로몬은 이곳에 성전을 짓고 장엄한 기도를 드렸다(왕상 8장).

주의 백성이 주의 제단에 나와 기도하면 주님은 하늘에서 들으시고 용서해 주십시오.

아들 솔로몬은 아버지 다윗을 통해서 하나님이 어떤 분이신지를 알았다. 그래서 심판을 보류하시고, 긍휼을 베풀어 주시는 분이심을 믿고 기도한 것이다.

여기서 우리가 잊지 말아야 할 것이 있다. 긍휼은 저절로 이루어진 것이 아니라는 점이다. 우리에게 하나님의 긍휼이 베풀어지기까지 비싼 값이 치러졌다. 예수님이 십자가에서 보혈을 흘리셨다. 심판의 칼을 칼집에 꽂기 위해서 예수님이 대신 피를 흘리셨다. 예수님은 십자가의 보혈로 이 땅에 교회를 세우셨다. 그리고 우리를 날마다 주님의 존전으로 초청하고 계신다.

교회는 하나님의 심판을 멈추게 하는 곳이다. 하나님께서 인간의 죄에 대한 심판의 칼을 다시 칼집에 꽂게 하는 곳이다. 그러므로 교회는 언제나 하나님의 긍휼을 체험하는 모체여야 한다. 영어 성경의 표현처럼, 'Mercy seat', 곧 시은소가 되어야 한다. 교회가 이 세상에 존재하는 이유가 바로 여기에 있다. 하나님의 긍휼을 하늘에서 땅으로 끌어오는 역할이다.

코로나가 중국 선교에 새로운 변곡점이 되기를 기대한다. 지금 중국 교회의 상황은 이렇다. 중국기독교위원회 부주석 왕준은 2014년도 발표에서 "과거에는 '기독교인이 많아지면 중국인이 적어진다'는 인식이 팽배했지만, 지금은 '기독교인이 많아지면 좋은 공민이 많아진다'는 인식으로 변화되고 있다. 이 같은 분위기 속에서 중국 기독교가 급속히 발전하고 있다"고 설명했다. 밝혀지지 않았을 뿐이지, 중국 고위층에도 기독교인이 있다. 중국은 현재 기독교 부흥을 이루어 가고 있다. 국민의 약 7%가 그리스도인이다.

이번 코로나 재난을 통해 하나님께서 새로운 선교시대를 열어 가실 줄 믿는다. 하나님은 오늘도 여전히 진노의 칼을 다시 칼집에 꽂으시는 광대한 사랑과 긍휼로 이 세상을 치료하시며 구원하고 계신다. 그 긍휼의 역사 속에서 받은 은혜를 기억하고, 하나님이 하실 일을 믿음으로 바라보는 그리스도인이 되기를 바란다.

고난은
악이 아니라 약이다

3부

아니라

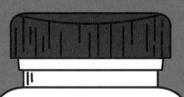

Q. 사방이 꽉 둘러 막혀
모든 것을
포기하고 싶을 때

갑자기의
은총을
기대합시다

사도행전 9:1-20

갑자기의
은총을 기대합시다

사도행전 9:1-20 | 쉬운성경

●

¹사울은 여전히 주님의 제자들을 죽이겠다는 생각으로 그들을 위협하고 있었습니다. 그는 대제사장에게 가서 ²다마스커스의 여러 회당에 보내는 편지를 써 달라고 했습니다. 남자든 여자든 그 도를 따르는 사람이 있으면, 닥치는 대로 붙잡아서 예루살렘으로 끌고 오려는 것이 그의 생각이었습니다. ³사울이 길을 떠나 다마스커스 가까이에 이르렀을 때였습니다. 갑자기 하늘로부터 밝은 빛이 사울을 둘러 비췄습니다. ⁴사울은 땅에 엎드렸습니다. 그때, "사울아, 사울아, 네가 왜 나를 박해하느냐?" 하는 소리가 뚜렷이 들렸습니다. ⁵사울은 "주님은 누구십니까?"라고 물었습니다. "나는 네가 박해하는 예수다. ⁶일어나 성으로 들어가거라. 네가 해야 할 일을 일러 줄 사람이 있을 것이다"라는 목소리가 들렸습니다. ⁷사울과 함께 길을 가던 사람들은 무슨 소리가 나는 것 같은데, 아무것도 보이지 않으므로 깜짝 놀라 말도 못하고 가만히 서 있었습니다. ⁸사울은 땅에서 일어나 눈을 떴으나 아무것도 볼 수 없었습니다. 그래서 사울과 함께 있던 사람들이 그의 손을 잡고 다마스커스로 데려갔습니다. ⁹사울은 삼 일 동안, 앞을 보지 못했으며, 먹지도 마시지도 않았습니다. ¹⁰다마스커스에 아나니아라는 어떤 제자가 살고 있었습니다. 주님께서 환상 중에 "아나니아야!" 하고 부르셨습니다. 아나니아는 "주님, 제가 여기 있습니다"라고 대답했습니다. ¹¹주님께서 아나니아에게 말씀하셨습니다. "일어나 '곧은 길'이라고 하는 거리로 가거라. 그리고 유다의 집에서 사울이라는 다소 사람을 찾아라. 그가 지금 거기서 기도하고 있다. ¹²그가 환상 속에서 아나니아라는 사람이 찾아와 그에게 손을 얹어서 그의 시력이 회복되

는 것을 보았다." ¹³아나니아가 대답했습니다. "주님, 제가 많은 사람들에게서 그 사람에 관한 소문을 들었는데, 그가 예루살렘에 있는 주님의 성도들에게 많은 해를 입혔다고 합니다. ¹⁴그리고 그 사람은 대제사장들에게서 주님의 이름을 믿는 모든 사람들을 잡아갈 수 있는 권한을 받아 가지고 이곳에 왔다고 합니다." ¹⁵그러나 주님께서 아나니아에게 말씀하셨습니다. "가거라. 그는 이방 사람들과 여러 왕들과 이스라엘 백성 앞에서 나의 이름을 전하도록 선택된 나의 도구이다. ¹⁶그가 내 이름을 위해 얼마나 많은 고난을 당해야 할지를 내가 그에게 보여 주겠다." ¹⁷아나니아는 그곳을 떠나 사울이 있는 집으로 가서 사울에게 손을 얹고 말했습니다. "사울 형제여, 그대가 이리로 오는 길에 나타나셨던 주 예수님께서 나를 보내셨습니다. 예수님께서 나를 보내신 것은 그대의 시력을 다시 회복하고, 성령으로 충만하게 하려는 것입니다." ¹⁸ 그러자 곧 사울의 눈에서 비늘 같은 것이 떨어져 나가고, 사울은 다시 보게 되었습니다. 사울은 일어나 침례를 받았습니다. ¹⁹그는 음식을 먹고 기운을 되찾았습니다. 사울은 며칠 동안 다마스커스에 있는 제자들과 함께 지냈습니다. ²⁰그는 곧바로 회당에서 "예수님은 하나님의 아들이다"라고 선포하기 시작했습니다.

●

오랜 기간 연애를 하고 결혼한 사람들도 있지만, 이와 달리 만난 지 얼마 되지 않아 결혼을 결정하고 식을 올린 사람들도 꽤 있을 것이다. 사실 인생의 중대한 사건이 어느 날 갑자기 이루어지는 경우가 허다하다. 그래서 나는 결혼 주례사로 다음의 시 한 소절을 자주 인용한다.

'소문도 없이 다가온 그대, 약속도 없이 다가온 그대

그대는 나에게 좋은 사람, 나에게 그대는 사랑하는 사람'

소문도 없이 다가온 그대가 평생의 반려자가 되기도 하는 것처럼, 인생은 때때로 하나님의 '갑자기 은총'으로 대변혁을 이룬다. 사도행전 9장의 핵심 단어가 바로 "갑자기"(suddenly)이다.

사도행전은 "갑자기"라는 단어를 즐겨 사용한다. 2장에서는 성령님이 갑자기 하늘로부터 강림하신다. 베드로를 가두어 놓았던 감옥 문이 갑자기 열린다. 성령님을 속이고 거짓말한 아나니아 삽비라 부부가 갑자기 죽고, 또한 기독교를 박해하던 헤롯 왕이 갑자기 병들어 죽는다. 16장에서는, 사도 바울을 감금시켜 놓았던 빌립보 감옥에 갑자기 지진이 일어나 감옥 문이 열리고, 그를 묶어 놓았던 쇠사슬이 풀린다.

이처럼 성경은 한순간에 상황이 바뀌는 하나님의 '갑자기 은혜' 사건을 여러 곳에서 생생하게 보도한다. 그렇다면 요즘 같은 시대적 암흑기에 우리에게 어떤 종류의 갑자기 은혜가 필요할까?

갑자기 예수님을 만나는 은혜 체험이 필요하다

본문 말씀은 사울이라는 사람이 갑자기 예수님을 만난 사건이다. 우리가 잘 알듯이 사울은 거듭나기 전에 예수 믿는 사람들을 광신적으로 핍박하던 사람이다. 자신의 출세와 입신양명을 위하여 예수 믿는 자들을 집요하게 괴롭혔다. 그런 사울에게 갑자기 예수님이 찾아오셨다.

사울이 길을 떠나 다마스커스 가까이에 이르렀을 때였습니다. 갑자기 하늘로부터 밝은 빛이 사울을 둘러 비췄습니다. (3절, 쉬운성경)

이날을 기점으로 사울은 눈먼 인생에서 눈뜬 인생이 된다. 해보다 더 밝은 빛이신 예수님을 만났기 때문이다(행 26:13). 그리고 하나님의 갑자기 은총으로 자신이 아무것도 아닌 자라는 것을 깨닫게 된다.

사실 사울의 이력은 화려하다. 그는 유대인으로서 정통 교육을 받았다. 당시 가장 유명한 학자였던 가말리엘에게 5-6년 동안 가르침을 받았다. 이런 배경으로 그는 이미 20대에 국가의 최고 기관인 대법원 멤버로 신분 상승을 이루어 가고 있었다(빌 3:4-6).

그런데 대낮에 갑자기 예수님께서 태양보다 더 밝은 빛으로 찾아오시는 순간, 그는 땅바닥에 나동그라졌다. 그리고 자신이 누더기 인생임을 자각한다. 한마디로 죄인임을 깨달은 것이다. 그래서 자기야말로 '죄인 중의 죄인, 곧 죄인 중의 괴수, 죄인 중에 우두머리'라고 고백한다(딤전 1:15).

이런 경이로운 거듭남을 통해 그는 혁명적인 변화를 받았다. 어두운 영혼이 밝은 영혼으로, 성난 늑대가 순한 양으로 바뀐 것이다.

우리에게도 이런 놀라운 변화가 있기를 바란다. 우리가 예수님을 제대로 만나면, 자신이 곧 심각한 죄인임을 고백하게 된다. "주여, 저는 죄인입니다. 주여, 제가 죄인입니다." 그런데 무서운 것은 신앙생활을 오래하다 보면, 이 감각이 없어져 버린다는 것이다. '나 기도 열심히 해', '나 예배 안 빠져', '교회에서 봉사도 하고 선교헌금도 잘해' 하고 생각하다 보면 점점 자신이 부족하다는 것을 인정하기가 어려워진다. 이런 위험에 빠지지 않기 위해 우리는 수시로 예수님을 만나야 한다. 예수님의 십자가 은혜에 대한 감격을 회복해야 한다. 예수님의 밝은 빛 앞에 나의 폐부가 모두 드러나는 체험을 계속 가져야 한다. 그래야 변화할 수 있다. 이것이 기독교의 본질이다. 기독교는 변화의 종교이다. 예수님을 제대로 만나면 인간 혁명이 일어난다.

자칫 잘못하면 교회는 오래 다녔는데 예수 없이 살아갈 수 있다. 영적인 성숙이 멈출 수 있다. 그저 습관적으로 교회에 나와 예배를 드리고 가는 것이다. 예수 없는 예배가 될 수 있다는 이야기이다. 그러니 늘 깨어서, 날마다 기도와 말씀을 통해 예수님을 만나야 한다.

최근에 놀라운 분을 만났다. 그는 살아 있는 부처가 되고자 불교에 심취했던 분이다. 그런 그가 전라남도 고흥에 있는 소록도 법당에서 목탁을 치며 염불을 하다가 갑자기 놀라운 체험을 하게 된다. 평소처럼 새벽 4시에 일어나 법당으로 가서 가부좌를 틀고 30분간 좌선을 한 다음 목탁을 치며 염불을 했다. 그런데 갑자기 엉뚱한 말이 입 안을 맴돌았다. 혀가 제멋대로 돌아가며 뜻을 알 수 없는 소리가 나왔다. 자기가 지금 무슨 말을 하는가 살펴보니 소록도 애양원교회 장례식에서 이따금 들었던 찬송가였다. "며칠 후 며칠 후(똑똑똑) 요단강 건너가 만나리(똑똑똑)"를 부르며 염불을 대신하고 있는 것이 아닌가. 그리고 동시에 방언기도가 터졌다.

이런 신비한 체험과 함께 그는 법당을 떼굴떼굴 뒹굴며 자신의 죄를 회개하였다. 온 얼굴이 눈물과 콧물로 범벅이 되었다. 예수님께서 갑자기 찾아오셔서 인간 혁명을 일으켜 주신 것이다. 그는 이후 신학을 공부하고, 우즈베키스탄과 카자흐스탄에서 20여 년 동안 농아축구팀 감독으로 살았다. 그리고 지금은 북한에서 농아축구팀 감독으로 6년째 섬기고 있다. 바로 이

민교 감독이다.

그렇다. 예수님을 제대로 만나면 인생이 변한다. 사울을 보라. 자기중심적으로 살았던 사울이 예수님을 만난 후 얼마나 놀라운 신앙고백을 하는가? 그는 예수님을 "주님"(Qurios)이라고 부른다(5절). 예수님을 제대로 만났기 때문에 이 같은 신앙고백이 나올 수 있었던 것이다.

우리에게는 지금 이런 고백이 흘러나오는가? 예수님을 내 인생의 진정한 주인으로 모시고 있는가? 자칫 잘못하면 예수 없는 신앙생활을 할 수 있다. 날마다 예수님을 제대로 만나는 은혜체험을 통해, 뜨거운 고백이 멈추지 않는 인생이기를 축복한다.

갑자기 성령을 체험하는 은혜가 필요하다

예수 믿고 구원받는 것이 첫 번째 축복(first blessing)이라면, 성령세례를 받는 것은 두 번째 축복(second blessing)이라고 할 수 있다. 세례는 받았는데, 교회는 다니는데 성령 없이 사는 사람들이 수두룩하다. 성경 공부하고, 제자훈련하고, 직분까지 받았지만 성령 없이 살아가니 신앙에 역동성이 없는 것이다.

본문 17-19절을 보자.

그래서 아나니아는 사울을 찾아가서 그에게 손을 얹고 말하였다. '사울 형제여, 당신이 이곳으로 오는 도중에 나타나셨던 주께서 나를 보내셨습니다. 당신이 충만히 성령을 받고 또 눈을 뜨게 하시기 위한 것입니다.' 그러자 그 순간에(갑자기, suddenly) 사울의 눈에서 비늘 같은 것이 떨어지면서 다시 보게 되었다. 사울은 그 자리에서 세례를 받은 다음 음식을 먹고 기운을 되찾았다.
(현대어성경)

사울과 아나니아가 어떻게 하여 갑자기 성령의 은혜를 체험하게 되었는가? 함께 기도할 때였다. 사도행전은 이 점을 시종일관 강조한다. 기도할 때 성령을 체험한다는 것은 오늘도 마찬가지이다. 우리가 기도 중에 갑자기의 은혜를 체험할 때가 많다. 성령의 역사는 우리가 당황스러울 만큼 갑작스럽게 일어난다. 그러니 어떠한 상황에서도 기도를 포기하지 말기를 바란다. 기도하다가 응답이 더디다고 멈추지 말기를 바란다.

우리의 기도가 어느 순간 정점에 이르면 '갑자기'의 역사가 일어난다. 성령님이 기적으로 강림하신다. 사도행전 10장 30절을 보면, 고넬료라는 사람이 규칙적으로 기도할 때, 하나님이 갑자기 찾아와 주셨다. 그리고 성령으로 축복해 주셨다.

기도를 통한 은혜의 역사는 성경에 많이 나온다. 사도행전 12장 7절을 보면, 베드로가 감옥에 갇혀 처형당할 위기에 처했을 때 예루살렘 교회가 간절히 기도했다. 그러자 갑자기 천사가 나타나 베드로의 팔목에서 쇠사슬을 벗겨 주고, 감옥 문을 열어 주었다.

오늘도 마찬가지이다. 우리가 기도할 때, 하나님의 갑자기 은총이 임한다. 그동안 꽉 막혔던 문과 길이 활짝 열리는 놀라운 역사가 일어난다. 한

순간에 회사의 자금이 풀리고, 미래가 열리는 기적이 일어난다. 우리가 기도의 양을 채우기만 하면 기적은 빨리 찾아온다. 기도를 천천히 채워 가니까 응답도 천천히 나타나는 것이다.

물은 100℃에서 끓는다. 99℃까지는 별 변동이 없다가 100℃가 되면 뜨겁게 끓기 시작한다. 그리고 수증기로 바뀌어 또 다른 힘을 발휘한다. 기도도 마찬가지이다. 우리는 기도의 온도를 높여야 한다. 우리가 뜨겁게 기도하는 만큼 성령님께서 갑자기 은총으로 역사해 주신다.

우리가 잘 알듯이 사도행전 2장에 나타나는 오순절 성령강림 사건은 성도들의 기도가 뜨겁게 무르익고 달아올랐을 때 일어난 것이다. 오늘도 하나님이 원하시는 만큼 기도의 양이 채워지기만 하면 성령님이 기름 부어 주신다.

성경은 갑자기의 은총 사건으로 가득 차 있다. 홍해도 갑자기 갈라졌고, 요단강도 갑자기 갈라졌고, 여리고성도 갑자기 무너졌다. 사라도 하나님의 갑자기 은총으로 임신하였고, 그 아들 이삭도 결혼하고 40년이 지난 어느 날 하나님의 갑자기 은총으로 쌍둥이를 낳았다. 사무엘의 어머니 한나도 갑자기의 은혜로 5남매를 낳았다. 기도하는 사람에게 베풀어 주시는 성령님의 기적 은총이다.

신약시대를 연 세례 요한의 부모 사가랴와 엘리사벳 부부는 나이가 많았지만 기도를 포기하지 않았다. 그들은 노인이 될 때까지 기도응답을 받지 못한 상태였다. 그래도 흔들리지 않는 신앙으로 살았다. 초지일관 꿋꿋하게 헌신했다. 그리고 그런 그들에게 갑자기 임신의 기적이 일어난다. 성령님께서 초자연적으로 역사하셔서 인생을 점핑하는 복을 받은 것이다.

그렇다. 우리가 기도하며 사는 만큼 점핑의 역사가 일어난다. 신분의 점핑, 축복의 점핑, 지평의 점핑이 일어난다. 평범한 스펙을 뛰어넘는 점핑의 기적이 일어난다. 그러므로 기도하며 낙심하지 말기를 바란다. 예수님은 누가복음 18장 1절에서 계속 기도하고 낙심하지 말라고 당부하신다. 우리가 포기하지 않고, 끈질기게 기도하다 보면 갑자기 응답의 기적이 일어남을 약속하신다. 내가 자주 강조하는 것이 '포기보다 끈기에 익숙해지자'이다. 우리는 무엇보다 기도에 있어서 포기하지 말아야 한다.

금세기 훌륭한 기독교 작가 존 비비어(John Bevere)는 '끈질긴 기도의 사람'에 관해 이렇게 정의한다.

"끈질긴 그리스도인이란, 하나님을 향한 믿음과 소망과 순종을 절대로 포기하지 않는 사람이다. 어떤 역경이 닥쳐도 말이다. 모든 면에서 잘 끝마치려고 노력하는 끈질긴 그리스도인은 가장 참된 의미에서 하나님 나라의 역사를 만드는 사람이다. 그러므로 그 어떤 것도 끈질기게 기도하는 사람을 단념시키지 못한다."

우리가 낙심하지 않고 기도할 때, 어느 순간 '갑자기'의 은총이 찾아온다. 모든 것이 갑자기, 순식간에 이루어진다. 그동안 땀 흘리며 애쓰고, 눈물을 쏟은 만큼 갑자기 응답받는다. 갑자기 열리고, 갑자기 풀린다. 당황스러울 만큼 놀라운 기적이 찾아온다. 갑자기 병 고침을 받고, 까다롭던 상사의 마음이 갑자기 유순하게 바뀐다. 비즈니스 현장에서 갑자기 큰 성과를 창출하고, 좋은 아이디어가 갑자기 떠오른다. 예수 믿지 않던 남편이 어느 날 갑자기 예수님을 영접하고 놀라운 변화를 받는다. 자녀들이 어느 날 갑자기 멋진 비전을 품게 되고, 갑자기 결혼하겠다고 배우자를 데리고 온다. 성령님이 역사하시면 오랜 세월 동안 묶여 있던 일들이 갑자기 풀리기 시작한다. 단순히 우리의 소원이 성취되는 것을 말하는 것이 아니다. 소원이 이루어짐으로 하나님께 영광을 올려드리게 되는 것이다. 이것이 하나님의 '갑자기 은총'이다.

신약성경 중에서 누가복음과 사도행전은 모두 성령의 역사를 주제로 하고 있다. 그야말로 '성령 · 기도 · 기적'의 이야기이다. 당시 최고의 지성인이자 가장 이성적이고 합리적인 의사 누가가 기도와 기적을 강조하는 것이다.

오늘도 성령님은 우리의 기도를 통해 역사하신다. 우리 모두에게 갑자기의 은혜가 일어나기를 소망한다. 그 놀라운 기적을 통해 하나님께 영광 돌리며 살아가는 그리스도인이 되기를 축원한다.

고난은
악이 아니라 약이다

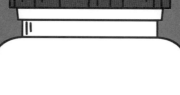

Q. 하나님보다
내 문제가 더 크게
느껴질 때

대기 중인
기적

누가복음18:35-43

Q. 하나님보다 내 문제가 더 크게 느껴질 때

대기 중인
기적

누가복음18:35-43 | 우리말성경

●

³⁵예수께서 여리고에 가까이 이르셨을 때 길거리에 보지 못하는 한 사람이 앉아 구걸하고 있었습니다. ³⁶ 그는 많은 사람들이 지나가는 소리를 듣고 무슨 일인지 물었습니다. ³⁷ 사람들이 "나사렛 예수가 지나가신다"고 말해 주었습니다. ³⁸ 그러자 그가 크게 외쳤습니다. "다윗의 자손 예수여, 저를 불쌍히 여겨 주십시오!" ³⁹ 앞서 가던 사람들이 그를 꾸짖으며 조용히 하라고 했습니다. 그러자 그는 더욱더 큰 소리로 "다윗의 자손이여, 나를 불쌍히 여겨 주십시오"라고 외쳤습니다. ⁴⁰ 예수께서 가던 길을 멈추고 "그 사람을 데려오라"고 명령하셨습니다. 그가 가까이 다가오자 예수께서 물으셨습니다. ⁴¹ "내가 네게 무엇을 해 주기를 원하느냐?" 그가 대답했습니다. "주여, 다시보고 싶습니다." ⁴²예수께서 그에게 말씀하셨습니다. "눈을 떠라. 네 믿음이 너를 구원했다." ⁴³ 그러자 그는 곧 보게 됐고 하나님께 영광을 돌리며 예수를 따라갔습니다. 이 광경을 본 사람들도 모두 하나님을 찬양했습니다.

●

금융 당국에 따르면 전 금융권의 휴면, 장기 미청구 금융재산은 2017년 말을 기준으로 11조 8천억 원에 달한다. 은행에 50만 원 이상 저축해 놓고 1년 이상 찾아가지 않은 계좌가 무려 1억 100만 개에 이른다고 한다. 카드 포인트도 비슷하다. 많은 사람이 성실하게 적립해 놓은 포인트를 사용하지 않고 소멸시킨다. 금융감독원은 지난 4년간 5,380억의 카드 포인트가 사라졌다고 말한다. 언제든지 사용할 수 있는 것인데, 쓰지 않아서 사라지는 것이다.

그래서 개인 계좌나 보험, 카드 등의 정보를 알려 주는 인터넷 사이트들이 등장했다. 이 사이트들을 이용하면 은행의 잔액, 숨겨진 보험금, 축적된 포인트를 확인할 수 있고, 찾아 쓸 수 있다. 2018년 12월 말 기준으로, '숨은 예금 찾기'를 통해 650만 명이 총 867억 원을 찾았고, 보험사에 숨겨진 보험금 약 240만 5천 건, 금액으로는 약 3조원이 본인들에게 돌아갔다고 한다.

이 같은 상황에 떠오르는 예수님의 말씀이 있다.

구하라, 받을 것이다. 찾으라, 얻을 것이다. 문을 두드리라, 열릴 것이다.
(마 7:7, 공동번역)

예수님은 구하는 자에게 주시고, 찾는 자에게 얻게 하시며, 문을 두드리는 자에게 열어 주신다.

시편 말씀을 보면, 하나님은 오늘도 우리를 위해 은혜를 쌓아 놓고 계신다는 것을 알 수 있다. 따라서 우리가 원하고 구하기만 하면 하나님은 얼마든지 베풀어 주신다(시 31:19).

나는 요즘 성경을 통하여 '대기 중인 기적'에 대해 다시 한 번 확신하게 되었다. 주님은 우리에게 보여 주실 기적을 대기시켜 놓고 계신다. 마치 5분 대기조처럼 우리를 위해 기적의 은총을 준비해 놓고 계신다.

그렇다면 과연 누구에게 대기 중인 기적이 찾아올까?

구체적으로 기도하는 사람에게 대기 중인 기적이 찾아온다

기도교본으로 삼고 있는 책이 있다. 바로 존 알 라이스(John R. Rice)의 『the Prayer』이다. 저자가 강조하는 기도응답의 원리 중 하나는 "Definite Asking, Definite Answering"이다. 곧, "구체적인 간구에, 구체적인 응답"이다.

하나님은 모호한 기도에 응답하지 않으신다. 그런데 우리는 때때로 너무 모호하게 기도한다. 믿음이 부족하기 때문이다. 믿음이 확실할수록 구체적인 기도를 한다. 믿음이 뚜렷할수록 실제적으로 기도한다.

예수님은 본문에서 이 점을 부각시키신다. 예수님이 이스라엘의 남부 지역 여리고를 지나가실 때, 한 시각장애인이 자신을 불쌍히 여겨 달라고 큰 소리로 애원한다. 예수님은 그를 데려오라 하신 후, 그에게 매우 의미심장한 질문을 하신다.

"내가 너에게 무엇을 해 주기를 원하느냐?"

이 질문이 꼭 필요했을까? 그는 앞을 보지 못하는 시각장애인이었다. 그렇다면 그가 무엇을 원하는지는 너무나 자명한 일이다. 그런데 예수님은 왜 이런 질문을 하셨을까? 그의 소원이 무엇인지 몰라서 물으신 것이 아니다. 그가 더욱 구체적으로 기도하도록 유도하신 것이다. 예수님은 그가 진정으로 바라는 것이 무엇인지 명확하게 말하기를 원하셨다. 그의 대답은 다음과 같다(41절).

"주님, 다시 보고 싶습니다"(Lord, I want to regain my sight).

그의 대답을 들으신 예수님은 그가 잃었던 시력을 다시 회복하게 해 주신다(Regain your sight). 예수님은 그에게 기적이 대기하고 있음을 기대하게 하신 후, 그의 기도에 응답해 주셨다.

예수님께서 앞을 못 보는 사람에게 하신 질문을 오늘 당신에게도 하신다면, 당신은 무엇이라고 대답하겠는가? 얼마나 구체적으로 대답할 수 있는가? 이 질문에 제대로 대답을 못한다면, 당신은 추상적으로 기도하고 있는 것이다. 그저 행운을 바라고 있을 뿐이다.

오늘날 너무나 많은 그리스도인이 구체적으로 기도하지 않는다. 그저 막연하게 기도한다. 내가 드린 기도에 제대로 응답을 받지 못하고 있다면, 지금 자신이 무엇을 원하는지 구체적으로 기도하지 않기 때문이다.

이 시대의 많은 그리스도인이 무기력을 호소한다. 이 무기력의 근본적인 이유는 기도의 부족이다. prayerless & powerless이다. 기도하라. 구체적으로 기도할수록 기적이 따른다. much prayer, much power이다.

나는 신학교 시절부터 공산권 선교에 헌신해 왔기에, 구 소련시대의 훌륭한 순교의 지도자들을 많이 알고 있다. 우리나라와 국교가 맺어지지 않은 시대였지만, 하나님이 길을 열어 주셔서 제 3세계를 통해 구 소련 지하교회의 지도자들을 한국에 초청해 집회를 많이 열었다. 그 시대에 영적 거장이었던 피터 데네카(Deyneka, Peter)가 쓴 『많은 기도, 많은 능력』(much prayer, much power)이라는 책을 아주 좋아한다. 그의 책 제목처럼, 많은 기도가 많은 능력을 가져온다. 기도할수록 기적이 따른다. 기도는 하나님을 몰아붙이는 방법이다. 특히 우리가 말씀을 가지고 기도할 때, 하나님이 꼼짝 못하신다. 빠져나갈 구멍이 없으신 것이다.

두 가지를 기억하며 기도하기를 바란다. 첫째, 필요한 것을 구체적으로 기도하자. 내용과 날짜도 정해 놓고 기도하기를 권한다. 앞서 이야기했듯 이 Definite Asking, Definite Answering이다. 둘째, 하나님의 긍휼을 애원하며 구체적으로 기도하자. 본문 41절을 관찰해 보면, 이 사람이 시력을 상실한 배경에는 어떤 사건이나 문제가 있었던 것 같다. 자기가 사고를 치고, 문제를 만들었기에 더욱 긍휼을 호소한다. 그리고 '다시 보기를 원한다'고 구체적으로 간구한다.

"I want to see again. I want to recover my sight. I want to regain my sight."

이런 솔직하고 구체적인 간구에 예수님은 그대로 응답해 주신다.

"다시 보아라"(see again. regain your sight. recover your sight).

오늘 우리도 회복을 위해서 기도하기를 바란다. "주님, 다시 일어나기를 원합니다. 회사가 회생하기를 원합니다. 다시 번성하고 흥왕하기를 간구합니다. 부부 사이에 다시 사랑이 싹트기를 원합니다. 우리 자녀들이 다시 선량해지기를 원합니다." 간절한 마음으로 구하라.

미국으로 이민을 간 사람이 이런 말을 하는 것을 들었다. 한국에서 살 때는 '주여, 도와주옵소서'라고 기도했는데, 미국에 와서 살려니 '주여, 살려주옵소서'라고 절규하며 기도를 드리게 된다는 것이다. 공감이 가는 고백이다. 어쩌면 우리 모두에게 해당되는 이야기일 수 있다. 우리는 이런 간절함으로 기도해야 한다.

"주여, 살려 주옵소서. 주여, 고쳐 주옵소서. 주여, 도와주옵소서. 주여, 풀어 주옵소서. 주여, 응답하여 주옵소서. 주여, 기적의 은총을 베풀어 주옵소서."

예수님은 긍휼을 호소하며 애원하는 자에게 시선을 멈추신다. 애틋한 눈길로 바라보시며 긍휼의 기적을 베풀어 주신다. 우리가 주님의 자비를 호소하는 만큼 주께서 도와주신다는 것을 기억하기를 바란다.

언젠가 시편을 묵상하는 중에 시편 13편 6절에 나타난 다윗의 간증에 감동을 받은 적이 있다. "나는 넘치도록 기도응답을 많이 받았습니다"(I'm so full of answered prayers, 메시지 성경 참조). 그는 당당하게 자신이 기도응답을 많이 받았다고 고백한다.

기도응답을 많이 받은 사람의 비결은 무엇일까? 답은 간단하다. 기도를 많이 드리는 것이다. 그리고 구체적으로 기도를 드린 만큼 구체적으로 응답받는다. 하나님께 지속적으로 기도하면 우리 삶에 이례적인 일이 지속적으로 일어난다. 그러니 대기 중인 기적을 기대하며 기도하라.

특히 성경에서 소개하는 예수님의 기적 중 많은 것이 아버지의 기도로 이루어졌다. 사실 우리에게는 '기도하는 어머니'의 이미지가 강하다. 그러나 자녀를 위한 기도는 어머니만 하는 것이 아니다. 기도하는 아버지, 무릎에 승부수를 걸고 엎드려 간구하는 아버지가 많아지기를 바란다. 대한민국 남자들이, 특별히 아버지들이 무릎으로 기적을 일으키는 주인공이 되기를 축복한다.

믿음으로 기도할수록 대기 중인 기적이 찾아온다

본문에 등장하는 시각장애인이 눈을 뜨는 기적의 주인공이 된 것은 그의 믿음 덕분이다.

다시 보아라, 네 믿음이 너를 구원했고, 낫게 했다. 그는 즉시 고침을 받았다.
(42절, 메시지성경)

그의 믿음은 단순하면서도 확실했다. 예수님의 마음을 움직이는 힘이 있었다. '제 병은 주님이면 거뜬히 고치실 수 있습니다. 주님은 제 몸을 회복시켜 주실 수 있습니다. 주님만이 기적으로 저를 낫게 하실 수 있습니다.' 자신의 문제는 예수님께 아무것도 아니라는 믿음이 그에게 있었다.

문제없이 사는 사람은 없다. 우리는 모두 저마다의 어려움과 고민을 안고 살아간다. 그렇다면 스스로 질문해 보아야 한다. '나의 문제가 하나님보다 큰가, 아니면 하나님이 나의 문제보다 크신가?'

그는 앞을 보지 못하는 처지였음에도 예수님을 따라잡기 위해 애를 썼다. 몇 번은 넘어졌을 것이다. 그래도 기를 쓰고 쫓아가며 애원했다. 오직 믿음으로 따라붙으며 간청했다. 그러자 결국 어떻게 되었는가. 눈을 뜨는 기적을 체험했다.

우리도 내가 할 수 있는 믿음의 최선을 다할 때, 어느 순간 은총의 기적이 찾아오는 것을 경험할 수 있다. 땀 흘리고, 애쓰고, 눈물을 쏟으면 응답을 받는다. 그 기적은 갑자기 이루어진다. 갑자기 열리고, 갑자기 풀린다.

실제로 인생 여정 중 어느 시점에 이르면 '갑자기'의 은총으로 풀리는 일들이 많다. 어느 날 갑자기 변화를 받는다. 갑자기 예수님을 영접한다. 갑자기 배우자를 만난다. 오랜 세월 동안 묶여 있던 일들이 갑자기 풀리기 시작한다. 이 모든 것이 하나님의 갑자기 은총이다. 한마디로 대기 중이었던 기적이 찾아오는 것이다. 기적은 늘 우리 곁에 있다. 주파수만 맞으면 곧바로 연결된다.

예수님은 그를 칭찬하며 축복하신다. "네 믿음이 너를 낫게 했다. 네 믿음이 너를 기적인생이 되게 했다." 예수님의 공식이다. 성경에서 계속 반복하고 강조하는 것이 바로 이것이다. "네 믿음이 너를 복 받게 하는구나!"

20세기 훌륭한 신약학자 R. C. 트렌츠(R. C. Trench)는 이것을 이렇게 멋지게 풀이한다.

"믿음만이 하나님의 풍요와 인간의 필요를 연결시켜 준다."

하나님의 풍성함과 나의 필요를 연결하는 것은 '믿음'이다. 모든 그리스도인이 하나님의 풍요로 나의 필요가 채워지는 은혜 속에 살아갈 수 있다. 믿음으로 내 인생의 여리고를 무너뜨릴 수 있다.

예수님께서 본문의 기적을 행하신 장소가 어디인가? 여리고이다. 성경은 이곳이 이스라엘의 남부 지역 '여리고'임을 의도적으로 언급한다. 여리고는 난공불락의 도성이자, 기적의 현장이다. 이스라엘 민족이 믿음으로 나아갈 때 그 철옹성 여리고가 무너졌듯이, 우리의 믿음과 기도가 불가항력적 문제를 풀게 한다는 메시지를 전하는 것이다.

이것이 예수님의 복음이다. 예수님은 우리에게 믿음만 있으면 인생의 그어떤 여리고성도 정복할 수 있음을 암묵적으로 말씀하신다. 만일 병에 걸렸다면 당신의 여리고는 질병이고 그 정복은 회복이다. 가족 중에 믿지 않는 자가 있다면 당신의 여리고는 가족의 불신이고 그 정복은 구원이다. 경제적으로 어려운 처지에 있다면 당신의 여리고는 가난이고 그 정복은 하나님의 채워 주심이다. 믿고 구하는 자에게는 그대로 이루어진다. 바라는 것이상으로 응답해 주신다.

언젠가 나는 이런 문장을 만들어 믿음으로 기도를 드렸다.

"그 어떤 성벽에도 성문은 있다."

그렇다. 철옹성 같은 장벽에도 문은 존재한다. 즉, 열릴 수 있다는 이야기이다. 자녀들의 진로나 결혼 문제도 풀릴 수 있다. 태의 문도 활짝 열린다. 하나님이 도와주시고 은혜를 주시면 우리 인생은 얼마든지 열리고, 풀린다. 예수님은 닫힌 문을 열어 주시고, 막힌 담을 헐어 주시며, 꼬인 문제를 풀어 주시는 능력의 주님이다.

우리는 dramatic situation(상황)에서도 dramatic success(성취)를 이루어낼 수 있다. 우리가 믿음으로 기도하는 만큼 성령님이 능력으로 역사하신다. 초자연적인 기적이 일어난다. 하나님의 능력으로 내 인생의 악순환이 끝나고, 선순환이 시작될 것을 믿기를 바란다.

사람은 세 종류로 나누어 볼 수 있다. 첫째, 할 수 있는 일만 겨우 하고 사는 사람, 둘째, 할 수 있는 일도 제대로 못하고 사는 사람, 셋째, 할 수 없는 일까지 하면서 사는 사람이다. 믿음의 사람은 세 번째 부류이다. 그는 불가능한 일도 가능한 현실로 바꾸며 살아간다.

예수님은 마가복음 9장 23절에서 이렇게 말씀하신다. "할 수 있거든이 무슨 말이냐? 믿는 자에게는 능치 못한 일이 없느니라." 또한 요한복음 11장에는 주님의 희망적인 선포가 있다. "네가 믿으면 하나님의 영광을 보리라."

누가복음 18장의 결론은 깔끔하다. 오늘 당신을 향한 환상의 말씀이다.

그러자 그는 곧 보게 됐고 하나님께 영광을 돌리며 예수를 따라갔습니다. 이 광경을 본 사람들도 모두 하나님을 찬양했습니다. (43절, 우리말성경)

하나님은 나로 인해 영광과 찬양을 받으실 것이다. 기적은 당신 곁에서 대기 중이다.

고난은 악이 아니라 약이다

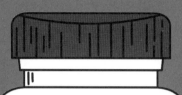

Q. 예상치 못한
당혹감을 느낄 때

주님,
저를 당황하게
하소서

사도행전 2:1-13

주님,
저를 당황하게 하소서

사도행전 2:1-13 | 쉬운성경

[1]오순절이 되어 제자들이 한 곳에 모두 모였습니다. [2]그 때, 갑자기 하늘에서 세찬 바람 소리 같은 것이 나더니, 사람들이 앉아 있던 집안을 가득 채웠습니다. [3]그리고 혀처럼 생긴 불꽃이 사람들 눈앞에 나타났습니다. 그 불꽃은 여러 갈래로 갈라져 그 곳에 모인 한 사람 한 사람 위에 머물렀습니다. [4]사람들은 다 성령으로 충만해졌습니다. 그리고는 성령께서 말하게 하시는 대로 자기들의 언어와 다른 외국어로 말하기 시작했습니다. [5]예루살렘에는 세계 각 나라에서 온 경건한 유대인들이 머물고 있었습니다. [6]이 말소리가 나자, 많은 군중들이 모여들었습니다. 그들은 믿는 사람들이 자기네 나라 말로 말하는 것을 듣고는 모두 놀랐습니다. [7]군중들은 너무나 놀라 이상히 여기며 말했습니다. "보시오! 말을 하는 이 사람들은 모두 갈릴리 사람들이 아닙니까? [8]그런데 우리가, 이 사람들이 저마다 우리가 사는 지방 말을 하는 것을 듣게 되니, 이것이 도대체 어찌된 일입니까? [9]우리는 바대와 메대와 엘람과 메소포타미아와 유대와 갑바도기아와 본도와 아시아와 [10]브루기아와 밤빌리아와 이집트와 구레네에서 가까운 리비아 여러 지방과 로마와 [11]날 때부터 유대인인 사람과 유대교로 개종한 사람과 크레타와 아라비아에서 온 사람들인데, 우리는 이 사람들이 하나님께서 행하신 크신 일을 우리 말로 말하는 것을 듣고 있습니다." [12]사람들은 모두 놀라 어리둥절했습니다. 다만 서로 얼굴을 쳐다보며 "이게 도대체 어떻게 된 일이지요?"라고 말할 뿐이었습니다. [13]그러나 사람들 중에는 "저 사람들이 술을 너무 많이 마셨다" 하며 놀려 대는 사람도 있었습니다.

우리는 간절하게 소원하며 기도하면서도, 막상 구한 대로 이루어지면 다소 의아해하며 놀라기도 한다. '내 인생에 어떻게 이런 일이 일어나지? 이게 어찌된 일이지?' 어리둥절해한다. 분명히 이 문제를 풀어 달라고, 내 기도에 응답해 달라고, 소원을 이루어 달라고 열심히 기도했는데, 막상 기도가 이루어지면 '어 정말이네?' 하고 당황하는 것이다.

하나님은 때때로 황당한 상황을 기적으로 바꾸어 주셔서 우리를 당황시키신다. 그 기적 앞에서 우리는 12절 말씀 그대로 서로 어리둥절하며 '이것이 도대체 어찌된 일인가?' 신기하게 여긴다. 실제로 큰일이건 작은 일이건, 오묘하게 풀리는 경우가 있지 않은가?

내게도 이런 경험이 있다. 내가 캐나다로 유학을 떠난 1980년대만 해도 비자 얻기가 어려웠다. 우리나라에 캐나다 대사관이 없어서 홍콩 대사관에서 모든 업무를 총괄하던 시절이다. 유학 비자를 위해 찾아간 곳에서 담당자는 내가 제출한 서류 첫 장을 보더니 일언지하에 비자를 줄 수 없다고 했다. 목회자들이 유학을 가면 이민 목회를 하며 돌아오지 않는 경우가 많고, 그러니 서류를 볼 필요도 없다는 것이다. 그때 성령님께서 나에게 놀라운 용기를 주셔서 나는 이렇게 말했다. "선생님, 오늘 큰 실수를 하시네요. 목사라고 다 똑같은 게 아닙니다."

그런데 이게 웬일인가? 담당자가 갑자기 자리에서 벌떡 일어나더니, "죄송합니다. 제가 큰 실수를 했습니다. 제가 목사님과 사모님, 그리고 아이들 비자까지 다 발급해 드리겠습니다" 하는 게 아닌가? 이번에는 내가 당황하며 놀랐다. 이것이 성령님의 역사이다. 오늘도 성령님은 우리를 어리둥절하게 만들고 당황시키는 신기한 기적을 일으켜 주시는 분이다.

예전에 한 집사님으로부터 재미있는 이야기를 들었다. 어렸을 때 눈 밑에 있는 사마귀 때문에 여자아이들한테 놀림을 받아서, 사마귀를 없애 달라고 하나님께 기도를 했다고 한다. 그리고 그 기도는 응답을 받았다. 그래서 하나님의 신기한 응답에 당황했었다는 것이다.

사도행전 2장 12절에도 이 같은 당황스러움이 기록되어 있다. 기독교 초기에 예수님을 믿던 사람들 120명이 다락방에 모여 뜨겁게 기도를 했다. 그러자 갑자기 하늘에서 급하고 강한 바람이 불어오는 소리가 나더니, 기도하던 이들이 성령을 받는다(3절). 그리고 방언으로 기도하게 된다. 지금까지 말해 본 적 없는 외국어를 유창하게 하며 기도를 하게 된 것이다. 갑자기 일어난 일에 사람들은 서로 놀라며 당황했다.

사도행전 3장에도 이런 놀람과 당황의 기록이 있다. 베드로가 예루살렘 성전 문 앞에서 구걸하며 살아가던 앉은뱅이를 걷게 한 기적을 일으켰을 때이다. 많은 사람이 너무 당황하여 말을 잃었다. 본문 11절에서 표현하듯이 하나님께서 행하신 큰일에 감탄하며 놀랐던 것이다.

20세기 최고의 조직신학자였던 헤르만 바빙크(H. Bavinck)는 하나님께서 우리를 당황시키시는 큰 역사를 기초로 『하나님의 큰일』(Magnelia Dei)이라는 역작을 남겼다.

우리는 하나님이 개입하셔서 돕고 풀어 주시는 일에 놀라는 정도가 아니라 당황하게 될 만큼의 은혜를 구해야 한다. "하나님, 저를 놀라게 하소서"라는 기도를 뛰어 넘어, "하나님, 저로 하여금 깜짝 놀라 당황하게 하소서.

당황하여 말을 잃게 하소서"라고 과감한 기도를 드려야 한다.

하나님은 놀라운 기적을 베푸시는 분이다

성경에는 당황스러운 일들, 꿈이라고 할 만큼 놀라운 일들이 비일비재하게 등장한다. 아브라함이 어느 날 갑자기 영광의 하나님을 만났을 때 얼마나 당황스러웠을까? 그는 99세 때 하나님으로부터 "내년 이맘때에 네가 아들을 낳을 것이다"라는 약속을 받는다. 그리고 1년 후 아들 이삭이 태어난다. 이 모든 게 얼마나 당황스런 기적이었겠는가? 요셉은 노예로 팔려가고, 죄수로 강등되는 등 처참한 인생을 살았다. 그런데 어느 날 이집트 제국의 바로 왕이 자신을 국무총리로 임명한다. 얼마나 당황스러웠을까? 태어난 지 몇 달 안 된 아들 모세를 나일강에 띄웠을 때, 목욕하러 나온 바로 왕의 공주가 그 아이를 발견하여 양자로 삼는다. 모세의 어머니가 얼마나 당황하며 놀랐을까? 홍해가 갈라지고, 요단강이 갈라지고, 난공불락의 도성 여리고가 무너지는 순간, 이스라엘 백성이 얼마나 당황스러웠을까?

하나님은 힘든 인생을 당황스런 기적 은총으로 회복해 주신다. 살다 보면 인생이 곤두박질하는 순간을 만날 수 있다. 뜻하지 않게 낭패를 당할 수 있다. 그러나 노예가 되고 죄수가 된 요셉의 인생을 하나님께서 완전히 바꾸어 주신 것처럼, 다윗이 던진 돌멩이 하나에 장수 골리앗이 쓰러진 것처럼, 처량한 신세의 룻이 최고의 남편 보아스를 만나게 된 것처럼, 아이를 낳지 못하던 한나가 자녀를 다섯 명이나 낳게 된 것처럼, 우리에게도 이런 놀라운 역사가 일어날 수 있다.

엘리야가 두 손을 높이 들고 기도했더니 3년 6개월 동안 막혔던 하늘이 열리고 축복의 장맛비가 쏟아져 내려 모두를 당황시켰다. 그야말로 거룩한 당황이다. 다니엘이 사자 굴 속에서 살아 나오리라고는 아무도 예상하지 못했지만, 그는 당당히 살아 나왔다. 죽으면 죽으리라는 신앙으로 모험을 시도했을 때, 에스더는 왕비가 되었다. 신약시대는 어떠한가? 사도들이 갈릴리 호수 한복판에서 광풍을 만나 안절부절 못하고 있을 때, 예수님이 찾아오신다. 그리고 거센 바람과 파도를 잔잔케 해 주셨다. 나사로가 죽었다가 살아났을 때의 감개무량한 당황, 사도 바울이 다메섹 도상에서 예수님을 만났을 때의 거룩한 당황 등 성경은 끊임없이 기적 이야기를 전한다.

그리고 이 모든 꿈 같은 기적은 오늘도 가능하다. 어떤 문제든지 예수님께 가져와서 엎드려 간구하기만 하면, 불가항력적인 것으로 여겨졌던 일들이 한순간에 풀릴 수 있다. 사도행전에서 생생하게 보여 주듯이 성령님이 역사하시면 어떤 일이든지 일어날 수 있다. 소위 '거룩한 당황'이 일어난다.

언젠가 이런 멋진 문장을 보았다.

"어떤 일도 일어날 수 있다. 어느 때, 어느 곳에서나."

그렇다. 사람들이 아무리 안 된다고 해도, 이미 틀렸다고 해도, 성령님이 역사하시면 무슨 일이든, 어디서든 가능하다. 그러므로 '하나님께서 과연 이루실 수 있을까?' 하는 의심을 버리고, '하나님께서 어떻게 이루실까?' 하는 기대를 품어야 한다.

기적의 손길이 대한민국의 미래를 열어 줄 것이다

구약성경 에스겔서 37장을 보면, 오랜 세월 남과 북으로 갈라져 있던 이스라엘 민족이 성령님이 역사하시니 한순간에 통일을 이룬다. 이와 비슷한 사건이 실제로도 일어났다. 분단국가였던 독일의 작은 도시 라이프치히에 있는 성 니콜라스 교회에서 촛불 기도회를 했는데, 하나님의 갑자기 은총으로 베를린 장벽이 무너지고 통일이 이루어졌다. 전 세계가 당황한 사건이다.

우리나라에도 이런 당황스런 통일의 역사가 일어날 줄 믿는다. 오늘도 하나님은 갑자기 은총으로 우리 개인과 이 나라에 새로운 미래 지평을 열어 주신다.

김진홍 목사님이 2019년 6월 5일에 이런 글을 올리셨다.

대한민국은 건국할 때부터 기적의 연속이었다. 1950년 6·25전쟁을 거쳐 오늘에 이르기까지 하나님의 보이지 않는 섭리의 손길이 때를 따라 역사하셨다. 그 손길이 없었더라면 우리나라는 이미 지상에서 사라졌을 것이다.

실례로 1948년 8월 15일 이후, 유엔 총회에 가서 신생국 건국 승인을 받을 때의 일이다. 대한민국 건국 후 한 달이 채 안 된 1948년 9월 9일 북한은 건국을 선포한다. 그해 유엔 총회는 10월부터 12월 15일까지 파리에서 열렸는데, 남북한 모두 유엔의 승인을 얻기 위해 대표단을 파견했다.

대한민국 대표단의 대표는 장면 박사였다. 우리 대표단이 파리에 도착했을 때

북한 대표단도 도착했지만, 무슨 이유인지 입국이 거부되어 되돌아갈 수밖에 없었다. 우리 대표단은 유엔 총회에 정부수립 승인서를 제출했다. 하지만 소련 대표 비신스키가 코리아 승인을 조직적으로 방해했다. 승인 안이 상정될 때마다 그는 마이크를 잡고 2시간 가까이 장광설을 늘어놓으며 의사 진행을 방해했다. 그가 마치면 동독, 유고, 폴란드 등의 공산권 대표들도 줄줄이 합세했다.

그렇게 설왕설래하다가 유엔 총회 마지막 날인 12월 14일이 되자, 장면 대표는 승인안 통과를 위해 하나님께 호소하자고 제안했고, 모윤숙 여사 등과 함께 파리 시내의 교회를 찾아가 철야 기도를 드렸다. 같은 시간 본국에서도 이승만 대통령과 정부 각료들이 퇴근을 보류하고 국무 회의실에서 함께 기도했다.

역사적인 날, 12월 15일이 왔다. 여전히 비신스키는 마이크를 잡고 방해했다. 코리아는 미국 앞잡이인 독재자 이승만이 다스리므로 절대 승인할 수 없다는 것이었다. 그런데 그 순간 생각지도 못한 기적이 일어났다. 비신스키가 갑자기 성대 결절이 와서 급히 응급실로 호송된 것이다. 게다가 다음 발언자였던 폴란드 대표는 비신스키가 2시간은 끌어줄 줄 믿고 밖에 나와 커피를 마시고 있었다.

사회자는 다음 발언자가 없음을 확인하고는 곧바로 표결에 들어갔고, 그 결과 47대 8로 대한민국 정부 승인 안이 기적적으로 통과되었다.

중요한 것은 이 일이 2년 후인 1950년 6월 25일 북한군 남침 때, 유엔이 행동할 수 있는 초석이 된 것이다. 유엔에서 공식 승인한 나라가 침략을 당했으니 유엔군을 파병하여 코리아를 구하자는 의견이 자연스럽게 통과될 수 있었다.

6·25전쟁 발발 3일 만에 유엔군이 파병되었다.

이 모든 과정을 보면, 하나님의 손길이 우리나라를 도우셨다는 사실을 믿지 않을 수 없다.

대한민국은 기도공화국이다. 새벽마다 기도하고, 저녁마다 기도하는 나라이다. 오늘도 우리가 기도하는 만큼 놀라운 미래가 펼쳐질 줄 믿는다. 우리를 당황케 하는 은혜의 역사가 일어날 줄 믿는다.

기도하는 만큼 기적을 체험한다

성령님은 우리를 당황시키는 신비한 기적을 일으켜 주신다. 새 창조의 영이고 치유의 영이시다. 손으로 만져질 만큼 큰 혹이나 몸을 공격하는 나쁜 세포들도 한순간에 사라지게 하신다. 엑스레이나 MRI상에 그 어떤 흔적도 남아 있지 않는 당황스런 기적이 일어날 수 있음을 믿기 바란다. 최악의 상황에서도 시온의 대로를 열어 주신다. 어떤 일도 일어날 수 있다. 어느 때, 어느 곳에서나. 이 마음을 잃지 말라.

제자 베드로는 주님의 말씀에 순종하여 그물을 던졌을 때, 많은 물고기를 잡았다. 그뿐만이 아니다. 성전세에 대한 질문을 받은 날, 베드로는 예수님의 말씀대로 호숫가에 그물을 던지고, 동전 두 닢이 걸려 하나는 예수님의 세금으로 하나는 자신의 세금으로 낸다(마 17:24-27). 그날 베드로가 얼마나 당황했겠는가? 예수님의 은혜가 그를 당황시켰다. 성경을 보면 이 같은 일들이 베드로에게 수없이 일어난다.

우리도 이런 기적의 사건을 경험할 수 있다. 사도행전 2장 12절 말씀을 기준 삼아 "주여, 저를 당황하게 하옵소서"라고 기도하며 살아가기를 바란다. 주님은 우리의 기대 이상으로 우리를 당황시키실 것이다. 어리둥절할 만큼 당황스런 기적은총을 베풀어 주실 줄 믿기를 바란다.

믿음으로 사는 만큼 '예상치 못한 놀라운 일'을 체험하며 살아갈 수 있다. 따라서 막연하게 느껴져도 흔들리지 않는 믿음으로 기도해야 한다. 우리가 어떤 일을 추진하면서 계획을 세우지 않는 것은 '실패하기 위한 계획'을 세우는 것과 같다. 모든 일에서 가장 중요한 계획은 바로 기도이다. 기도는 계획의 알파와 오메가이다. 단 한 번의 담대한 기도가 천 개의 뛰어난 계획보다 더 놀라운 일을 이룰 수 있다. 그러니 '머리 짜내기'(brainstorm)만 하지 말고, '기도 짜내기'(praystorm)을 해야 한다. 우리가 드리는 기도의 크기는 하나님을 향한 신뢰의 크기에 따라 달라진다. 그분에게 한계가 없다면 우리의 기도에도 한계가 없어야 한다.

1851년, 어느 주일 아침 예배 성찬식 때 해리엇 비처 스토(Harriet Beecher Stow, 미국의 훌륭한 사회운동가요 목사인 헨리 워드 비처의 여동생)는 황홀경에 빠졌다. 사실주의 문학가인 그녀에게 하나님께서 신비한 감동을 보여 주셨다. 그래서 그녀는 예배를 마치고 집으로 가면서 글을 쓰기 시작했다. 가지고 있던 종이가 다 떨어져 식료품을 담은 갈색봉지에도 계속 글을 썼다. 하나님이 주신 영감을 따라 썼다.

그로부터 1년이 지난 1852년 1월, 45개 장으로 구성된 그녀의 글이 책으로 나왔다. 그 유명한 『톰 아저씨의 오두막』이다. 한 젊은 여성의 펜을 통해 노예제도에 종지부를 찍어 주신 것이다. 그야말로 어리둥절하고 당황할 수밖에 없는 신비한 역사이다.

하나님은 오늘도 당신을 놀라게 하실 뿐만 아니라, 당황하게 하신다. 당신에게 필요한 것은 이런 믿음의 준비이다. '어떤 일도 일어날 수 있다. 어느 때, 어느 곳에서나.'

다시 한 번 강조한다. '하나님, 저를 놀라게 하소서'라는 기도를 뛰어넘어, '하나님, 저로 하여금 깜짝 놀라 당황하게 하소서. 하나님, 저로 하여금 어리둥절하여 황홀하게 하옵소서'라고 과감한 기도를 드리며 살아가기를 바란다. 깜짝 놀라 당황할 만한 일이 일어날 것이다.

고난은 악이 아니라 약이다

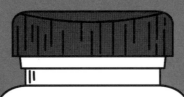

Q. 삶에 기적이
필요할 때

**표적이
따르리니**

마가복음 16:15-20

Q. 삶에 기적이 필요할 때

표적이
따르리니

마가복음 16:15-20 | 현대어성경

●

[15]예수께서 그들에게 말씀하셨다. '너희는 온 세상을 두루 다니며 모든 사람에게 복음을 전파하라. [16]믿고 세례받는 사람은 구원을 얻을 것이나 믿지 않고 거부하는 사람은 죄인으로 선고받을 것이다. [17]믿는 사람들에게는 표적이 따를 것인데 내 이름으로 귀신을 쫓아내고 새 방언을 말하며 [18]뱀을 만지거나 독을 마시더라도 해를 입지 않을 것이며 병자에게 손을 얹으면 그 병이 나을 것이다." [19]주 예수께서는 제자들에게 말씀을 다 마치고 하늘로 들려 올라가서 하나님 오른편에 앉으셨다. [20]그리고 제자들은 온 세상을 두루다니며 복음을 전하는데 주께서 늘 그들과 함께 하셔서 그들이 말씀을 전할 때마다 표적이 따르게 하셨다. 예수께서는 이렇게 하심으로써 제자들이 전하는 복음을 확실하게 증거해 주셨다.

●

마가복음의 주제는 '예수님의 종 되심'이다. 예수님은 우리를 구원하시기 위해 종의 신분으로 이 땅에 오셨고, 결국 희생양이 되셨다. 그러나 마가복음의 신학적 전제는 '예수님의 왕 되심'이다. 마가복음은 이것을 최대한 부각한다. 1장 1절에서 예수님은 곧 하나님의 아들이심을 힘차게 천명하며 시작한다.

하나님의 아들 예수 그리스도의 복음의 시작은 이러하다. (현대어성경)

마가복음의 피날레 역시 예수님의 왕 되심을 그림언어로 묘사한다.

예수님은 하늘로 들려 올라가셔서 하나님 보좌 오른편에 앉아 계신다. 그리고
우리가 어디로 가든지 함께하셔서 표적이 따르게 하신다. (막 16:19-20, 참조)

우리는 성경에서 자주 사용하는 단어인 '기적'과 '표적'의 뜻을 잘 이해할
필요가 있다. 우선 '기적'은 인간의 머리로 생각할 수 없는 신비한 일, 신의
힘으로만 되는 불가사의한 일을 뜻한다. 영어 웹스터 사전에서는 '물질계
에 알려진 자연법칙을 넘거나 그 법칙들에 대한 우리의 지식을 초월한 사
건, 또는 초인간적 섭리에 따라 발생하는 파격적이고 놀라운 사건'이라고
설명한다. 한마디로 기적은 '초자연적인 것'을 말한다. 예를 들어 큰 사고로
죽을 뻔한 사람이 살게 되고, 한순간에 암이 사라지는 사건들 같은 것이다.
'표적'은 헬라어로 'semeion', 영어로는 'Sign'으로, '어떤 표시나 증명'을 뜻
한다. 이 단어는 신약성경에 77회나 반복된다.

정리하자면, 예수님이 불치병을 낫게 하신다든지, 초자연적 사건을 일
으키시는 것이 기적이라면, 표적은 예수님의 하나님 되심, 위대하심, 은혜
로우심, 살아계심을 보여 주는 상징이다. 이를 좀 더 신학적으로 정의하면,

기적은 예수님이 자연의 주되심(Lordship of Nature)을 알리는 사건이고, 표적은 예수님이 생명의 주되심(Lordship of Life)을 보여 주는 행위이다.

이런 맥락에서 복음서와 사도행전에는 예수님의 신성과 선하심, 위대하심을 입증하는 표적들이 많이 나타난다. 마가복음의 결론도 '표적이 따라왔다'이다. 복음서에 이어지는 사도행전에서는 기적과 표적이 동시에 나타나는 사건들을 줄줄이 소개한다. 즉, 예수님의 위대하심과 살아계심, 그분의 능력과 사랑을 생생하게 입증한다.

금세기 훌륭한 선교사요, 기도의 사람인 피터 와그너(P. Wagner) 박사는 선교지에서 일어나는 영적 대결이 얼마나 실제적인지 우리에게 전한다. 인도네시아의 한 선교지에서 원주민 무당이 선교사와 신자들이 모인 예배당에 찾아왔다. 그가 손가락으로 액자를 가리키자 액자가 땅바닥으로 떨어져 산산조각이 났다. 원주민들은 모두 공포에 떨었다. 이번에는 선교사가 그 떨어진 액자를 향해 "예수 이름으로 회복될지어다"라고 명령했다. 그러자 그 액자가 원상태로 회복되어 벽에 그대로 걸렸다. 얼마나 놀라운 능력인가? 마귀는 파괴적인 반면, 성령님은 창조적이시다.

최근에 마크 배터슨(M. Batterson)의 책, 『기도의 원 그리기』에서 재미있는 이야기를 읽었다. 아프리카 전역을 다니며 의료선교를 했던 밥 베이글리(Dr. Bob Bagley) 선교사의 선교 보고서이다. 그는 한 마을의 나무 밑에서 사람들과 함께 예배를 드렸다. 그 마을엔 교회 건물이 없었기 때문이다. 그런데 어느 날 그 지역의 무당이 나무를 저주했고, 이내 나무는 말라 죽어 버렸다. 교인들은 예배드릴 그늘을 잃었을 뿐 아니라, 저주의 세력에 공포를 느졌다. 그리고 이 일은 선교사와 기독교의 권위를 떨어뜨렸다.

위기를 느낀 밥 베이글리 선교사는 전 교인들에게 기도회를 열자고 제안했다. 함께 뜨겁게 기도한 후, 얼마 전 무당이 저주하여 말라 버린 나무를 향해 예수님의 이름으로 축복하며 다시 살아나라고 명령했다. 그러자 하나님은 그 나무가 다시 살아나게 하셨을 뿐만 아니라, 일 년에 한 번 열리던 열매가 두 번 열리는 축복을 더하셨다.

하나님은 깨어져 박살난 액자를 회복해 주신 것처럼, 우리의 깨어진 몸과 마음을 회복해 주신다. 부부 사이에 깨어진 신뢰도 다시 견고하게 만들어 주신다. 저주받아 말라 죽은 나무가 다시 살아나 두 배의 열매를 맺는 것처럼, 우리가 잃어버린 것보다 훨씬 더 좋게, 더 많이 보상해 주신다. 내가 손해 본 것보다 훨씬 더 풍성하게 채워 주시고, 상한 마음을 어루만져 고결한 마음으로 빚어 주신다. 그래서 내 인생이 우리 주님의 기적은총과 표적이 따라붙는 인생이 되게 해 주신다.

그렇다면 예수님은 우리 인생이 표적이 따르는 인생이 되도록 어떻게 도와주실까?

하늘에서 능력으로 우리를 도와주신다

예수님은 하늘로 올라가셔서 하나님 우편에 앉아 계신다(19절). 이것은 우리에게 굉장한 의미이다. 예수님은 하나님과 똑같은 신분과 능력으로 우리를 돌보고 지켜 주신다는 메시지이기 때문이다. 예수님은 하늘의 권세로 우리를 도와주신다.

'오른편'이라는 단어는 성경에서 '능력, 권위, 권세'를 상징한다. 즉, 예수님은 하늘의 권세로 온 우주 만물을 다스리시며, 천사들과 이 세상 권력자들의 최종 결정권을 손에 쥐고 계신다(벧전 3:22). 우리는 그런 분의 도움을 받고 있는 존재이다. 그러니 세상 속에서 겸손하되, 당당하게 살아갈 수 있어야 한다.

훌륭한 성경주석가인 윌리엄 바클레이(William Barclay)는 이렇게 설명한다.

"예수님이 하나님 우편에 '앉아 계시다'라는 구절들 가운데 매우 독특한 구절이 하나 있다. 사도행전 7장을 보면 순교자 스데반은 다음과 같이 말한다. '보라, 하늘이 열리고, 인자가 하나님 우편에 서신 것을 보노라'(56절, 개역개정).

이는 그의 백성이 그의 이름을 위하여 고난당할 때, 그들을 도와주고 위로해 주고 협조해 주기 위해 오시려고 하나님의 우편에서 일어서 계신 예수 그리스도를 묘사하는 것 같다. 하나님 우편에 앉아 계시는 예수 그리스도는 여전히 그의 강한 능력으로 우리를 돕는 분이시며, 높은 왕위에 계신다 하더라도, 그의 백성을 잊지 않으시는 분이다."

예수님은 하늘의 권세로 우리를 도와주신다. 하늘에서 이 세상을 내려다보시면서 언제, 어떤 상황에서든지 하늘의 능력으로 도와주시는 분이다. 예수님은 시간과 공간을 초월하여 우리 인생의 무대 오른편에 계신다. 우리가 큐(cue) 사인을 보내기만 하면 곧바로 찾아와 주신다. 지금도 하늘에서 대기하고 계신다.

그러므로 우리는 하늘에 계신 예수님을 자주 동원하는 신앙으로 살아야한다. 예수님은 우리가 도움을 요청하는 만큼 기꺼이 손을 내밀어 주시고, 도와주신다. 과감한 벤처신앙으로 사는 만큼 표적이 따르는 인생이 된다.

하지만 이를 오해해서는 안 된다. 이것은 영적 자신감에 대한 이야기이지 우월감에 빠져 살라는 말이 아니다. 우리는 사람 앞에 겸손해야 한다. 내가 속한 공동체에서 예의를 갖춰 상대를 대해야 한다. 동시에 마음속에는 '왕이신 하나님이 나를 도우신다'는 든든함과 배짱을 가지고 있어야 한다. 직장생활을 하다 보면 자존심이 무너지는 경우가 얼마나 많은가? 그런 때에도 하나님께 나의 모든 것을 맡겨 드리는 자세가 필요하다. 결정권이 사장, 이사, 부장에게 있는 것처럼 보여도, 인생의 결정권은 하늘에 계신 하나님께 있다. 인맥과 승진의 권한을 하나님께 넘겨 드리라. 당장의 성과를 기대하며 사람에게 아첨하고 비굴하게 살지 말기를 바란다. 스스로 기적을 일으키려고 하지 말라. 모든 것은 하나님께 있다. 이 같은 믿음으로 살아갈 때, 예수님은 하늘에서 능력으로 우리를 도와주신다. 그리고 그런 삶에는 표적이 따를 줄 믿는다.

땅에서 우리와 함께하시며 도와주신다

예수님은 부활 후 승천하셔서 하늘에만 머물고 계신 것이 아니다. 여전히 시간과 공간을 초월하여 이 땅에서 우리와 함께하신다. 매 순간 우리를 도와주신다. 예수님께서 이 땅에서 우리와 함께하시는 기적과 표적의 이야기를 사도행전은 생생하게 보도한다(사도행전 참조. 2:22, 43, 4:30, 5:12, 6:8, 8:6-7, 14:3, 15:12).

나는 서른세 살의 젊은 나이에 교회를 개척했다. 선교지향적인 교회와 목회를 꿈꾸며 '지구촌교회'라고 이름 지었다. 선교지를 선택할 때에도 남들이 잘 가지 않는 곳을 선택했다. 동남아시아 지역은 쉽게 갈 수 있는 곳이었고, 실제로 많은 사람이 갔다. 그러나 구 소련 지역은 가는 사람이 별로 없었다. 몇 가지 이유 때문이다. 첫째, 혹독하게 춥다. 둘째 불편하다. 편의시설은 고사하고 비행 편이 형편없다. 우리나라에서 극동 지역까지 2-3시간이면 가는데, 처음에는 모스크바를 거쳐서 가야 했기에 20시간 이상 걸렸다. 그것도 공군 수송기를 개조한 비행기를 타고 다녔다. 셋째, 위험하다. 마피아 공화국이었다. 그런데 나에게는 두려움이 없었다. 하나님이 함께하심을 믿었기 때문이다. 사할린에서는 마피아들에게 포위되어 납치당할 뻔한 위험에 처하기도 했지만, 하나님께서 극적인 방법으로 끝까지 지켜 주셨다.

극동 지역인 하바롭스크에서 30년 동안 선교사역하고 있는 남일우 선교사는 마피아들이 머리에 권총을 들이대기도 하고, 전기 봉으로 린치를 당했어도 그때마다 하나님께서 절묘하게 돌보아 주셨다고 고백한다.

그 하나님이 오늘도 변함없이 당신과 함께하심을 믿는다. 오늘도 주님은 우리의 안전을 보장해 주신다. 성경에는 그 약속이 기록되어 있다.

두려워하지 말라 내가 너와 함께 함이라 놀라지 말라 나는 네 하나님이 됨이라 내가 너를 굳세게 하리라 참으로 너를 도와주리라 참으로 나의 의로운 오른손으로 너를 붙들리라 (사 41:10)

B52라는 대형 전투기가 뜰 때, 그 주변에는 팬텀기 4대가 대형 전투기를 호위하며 함께 비행한다. 항공모함이 출항하면 그 주위에는 순양함 1척, 구축함 6대, 핵잠수함 2척이 항모 전단을 이루어 호위한다. 이처럼 예수님은 항상 우리 곁을 지키신다. 시간과 공간을 초월하여 우리와 함께하신다. 표적과 기적으로 돌보아 주신다.

마크 배터슨 목사님은 자신의 성경에 'JEJIT'이라고 적어 놓고 읽는다고 한다. 'just enough just in time'의 앞 글자를 딴 것으로, '하나님은 딱 맞는 때에 딱 맞게' 함께하시며 도와주신다는 뜻이다.

다윗은 시편 139편에서 자신과 함께하시는 하나님을 이렇게 간증한다.

주께서 내 앞뒤를 감싸시고 내게 안수하셨습니다. (시 139:5, 바른성경)

내가 뒤를 돌아보아도 주님은 거기 계시고, 앞을 내다보아도 주님은 거기 계신다. 어느 곳에 가든 주님이 함께하시니 든든하지 않을 이유가 없다. 외진 곳에 머물거나 어떤 위험한 상황에 처할지라도 주님은 금세 나를 찾아내시고, 거기서도 나를 기다리고 계신다. 이처럼 하나님은 우리 주변을 둘러싸고 계신다.

마크 배터슨의 책, 『마크 배터슨의 극복』에서 이것을 과학적으로 풀이하는 글을 읽었다. 과학적으로 가장 짧은 시간은 10-43초로, 이를 플랑크 시간(Plank time)이라고 한다. 두 사건이 이보다 더 짧은 간격을 두고 일어나면 양자역학에서는 그 두 사건을 '동시발생'이라고 표현한다. 또한 가장 짧은 거리는 1.6×10-35m이다. 이것을 플랑크 길이(Plank length)라고 한다. 두 물체 사이의 거리가 이보다 가까우면 양자역학에서는 두 물체 사이에 공간이 없는 것으로 여긴다.

그런데 우리 하나님은 바로 이런 틈으로 들어오신다. 하나님은 양자역학에서 존재하지 않는다고 여기는 공간과 시간 속으로 들어와 우리를 도와주신다. 하나님은 모든 사건의 직전과 직후에 계시며, 내 바로 앞과 바로 뒤에 계신다.

마태복음 28장 20절에서는 "세상 끝 날까지 우리와(너희와) 항상 함께하여 주신다"고 분명하게 약속하신다. 이는 곧 우리가 어떤 영적 대결에서도 예수님의 능력을 힘입어 승리할 수 있다는 말씀이다. 귀신을 내쫓고, 가정을 불행하게 하는 어둠의 세력과 낙심하게 하여 정신적 질환으로 이어지게 하는 악한 세력 모두 예수님의 이름으로 물리치며 살아갈 수 있기를 축복한다.

예수님은 하늘에서 큰 능력으로 우리를 도와주신다. 기적과 표적을 계속 일으켜 주신다. 또한 땅에서 우리와 함께하시며 우리를 도와주신다. 본문 17절부터 매우 역동적으로 설명하고 있지 않은가. 그 역동성을 가슴에 새기며 살아가기를 바란다. 오늘도 신비한 표적이 따르는 멋진 삶이 될 줄 믿는다.

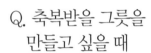

Q. 축복받을 그릇을
만들고 싶을 때

하나님과
나의
플랫폼

출애굽기 33:7-11

하나님과
나의 플랫폼

출애굽기 33:7-11 | 쉬운성경

●

7모세는 항상 장막을 가져다가 백성들이 사는 곳에서 멀리 떨어진 곳에 세우곤 했습니다. 모세는 그 장막을 회막이라고 불렀습니다. 누구든지 여호와의 뜻을 알기를 원하는 사람은 진 밖에 있는 회막으로 갔습니다. 8모세가 회막으로 갈 때마다 모든 백성은 자리에서 일어나서 자기 장막 입구에 선 채 모세가 회막으로 들어갈 때까지 지켜 보았습니다. 9모세가 회막에 들어갈 때에는 언제나 구름 기둥이 내려왔습니다. 구름 기둥은 여호와께서 모세에게 말씀하시는 동안 회막 입구에 서 있었습니다. 10백성은 회막 입구에 구름 기둥이 서 있는 것을 보고 한 사람도 빠짐없이 자리에서 일어나 자기 장막 입구에서 절을 했습니다. 11여호와께서는 마치 사람이 자기 친구에게 말하듯이 모세와 얼굴을 맞대고 말씀하셨습니다. 말씀이 끝나면 모세는 진으로 돌아왔습니다. 하지만 모세의 젊은 보좌관 눈의 아들 여호수아는 회막을 떠나지 않았습니다.

●

 최근 몇 년 사이 '플랫폼'이란 표현을 자주 접한다. 일반적으로 이 단어는 사람들이 열차를 타고 내리는 승강장의 의미로 주로 사용되어 왔다. 그러나 21세기에 들어서는 이 단어가 '특정 장치나 시스템 등을 구성하는 기초

골격'의 의미로 페이스북이나 유튜브 같은 인터넷 사업체를 이야기할 때 자주 쓰인다. 사람들이 서로 만나서 원하는 것을 주고받으며 공유하는 '열린마당'으로 이해해도 좋을 것 같다.

그러면 우리가 교회를 생각할 때 어떤 교회가 건강한 교회일까? 몇 가지 현대 용어를 사용하여 다양한 교회의 모습을 그려 보려 한다.

첫째, 컨트롤 타워이다. 여러 모임이나 기구들을 하나로 통합하여 관할하는 형태이다. 일방적인 상하조직 시스템으로, 헤드쿼터에서 각 분야로 정보를 전달하고 임무를 지시한다.

둘째, 센터이다. 컨트롤 타워가 한 곳에서 일방적으로 소통하는 형태의 원심력이라면, 센터는 한 곳으로 오게 하는 구심력이다. 그러나 이 또한 일방적이다. 대표적으로 콜센터가 여기에 해당한다.

셋째, 허브이다. 허브는 항구나 공항처럼 통과하는 역할을 하지만, 서로 충분한 소통을 하지는 못한다. 그저 지나가기만 할 뿐이다.

넷째, 플랫폼이다. 플랫폼은 일단 모이게 하는 기능을 갖고 있다. 서로를 만나게 해 주는 광장으로, 관계를 만들어 준다. 현대적으로 말하면 생산자와 소비자가 만나는 장을 만들어 주는 셈이다. 플랫폼의 매력은 쌍방향, 다방향으로 만남과 소통이 이루어지며, 서로 가진 정보를 공유하게 한다는 것이다. 아무나 언제든지 자신의 것을 풀어놓을 수 있고, 또 누구나 그것을 가져갈 수 있는 열린 공간이다.

내가 섬기는 교회는 처음 건축할 때부터 한 가지 철학을 지켜 왔다. 바로 '소유하는 교회가 아니라 공유하는 교회가 되어야 한다'는 것이다. 우리 교회는 지역 주민들을 위해, 때로는 기업을 위해서도 주중에 '플랫폼'의 역할을 한다. 쉽게 말해 누구든지 와서 공유할 수 있는 공동체를 만들어 준다.

쌍방향, 다방향 소통과 나눔 공동체, 이것이 성경이 말하는 교회의 본질이다. 교회는 누구든지 와서 만남을 경험하고, 그 안에서 소통하고, 그리고 하나님의 은혜를 공유하는 열린 마당, 곧 플랫폼이다.

오늘날 우리가 반드시 짚고 넘어가야 할 교회론이 있다. 이를 비유로 설명해 보겠다. 교회는 중앙집권적인 컨트롤 타워가 아니다. 어떤 필요가 있을 때 전화하여 무언가를 요청하는 콜센터도 아니다. 또한 밀물처럼 몰려왔다가 썰물처럼 빠져나가는 공항 같은 허브가 되어서도 안 된다. 이 시대의 많은 교회가 허브 역할만을 감당하고 있다. 하지만 교회는 주일에 사람들이 몰려왔다가 예배가 끝나면 다시 썰물처럼 빠져나가는 그런 공간으로 끝나서는 안 된다.

그래서 나는 이 '플랫폼'이라는 비유가 참 좋다. 흩어졌던 이들이 다시 모이고, 삶을 나눈다. 일방이 아니다. 쌍방향, 다방향의 소통과 만남이다. 이것이 교회이다. 교회는 하나님과 사람이 함께 만나 깊은 교류를 나누는 은혜의 광장이어야 한다. 그래서 유대인들은 구약시대의 성전을 '회당', 곧 'synagogue'라고 불렀다. 'syn'은 '함께'라는 의미로, 함께 모여 이야기하고 나누는 현장이라는 것이다.

이것이 우리가 꿈꾸는 교회의 모습이다. 교회는 예수님의 십자가 밑에서 서로 모든 것을 나누는 플랫폼이어야 한다. 아픔과 슬픔을 나누고, 기도제목을 나누고, 은혜 받은 주의 말씀을 나누는 영혼의 플랫폼이어야 한다.

성경을 전체적으로 관찰해 보면 성전을 다양한 이름으로 소개하고 있음을 알 수 있다. 특히 솔로몬이 성전을 짓기 전까지는 주로 장막이나 성막으로 불렸다. '장막'은 130회, '성막'은 100회, 그 외에 성소, 법막, 하나님의 집, 여호와의 집, 하나님의 처소 등으로 불린다. 그런데 가장 원시적이면서도 본질적인 명칭은 '회막'이다. 성경에서 가장 많이(146번) 사용하는 명칭으로, 회막은 성막을 만들기 이전의 상태와 장소이다. 회막을 영어로는 'Tent of meeting'이라고 하는데, '만남의 장소'라는 의미이다. 성막이 이동형 성전이라면, 회막은 언제든지 하나님을 만날 수 있는 열린 공간을 뜻한다. 이를 현대적으로 표현하자면, 하나님과 사람이 수시로 만나는 플랫폼이다.

참 감사하게도 하나님은 인간을 만나고 싶어 하신다. 인간과 교제하기를 원하시고, 우리에게 좋은 것을 주고 싶어 하신다. 그래서 하나님은 이스라엘 백성을 정월 초하루에 회막으로 초청하신다(출 40:1-2). 새해를 시작하는 첫날부터 '만나자'고 부르시는 것이다. 성경에서 '회막'이라는 단어를 만날 때마다 나를 만나기를 원하시고, 나와 이야기 나누고 싶어 하시고, 내게 좋은 것을 주려 하시는 하나님을 그려 보기를 바란다.

하나님께서 회막이라는 특별한 공간을 만들게 된 배경은 출애굽기 32장 사건이다. 이스라엘 백성이 모세를 따라 출애굽을 한다. 광야를 지나는 중에 모세가 백성을 광야에 두고 홀로 시내산으로 올라간다. 그리고 40일 동안 내려오지 않는다. 생각해 보라. 자신들을 가나안으로 인도해야 할 지도자가 무려 40일 동안 아무 소식이 없는 것이다. 백성은 불안했다. '우리 이제 어떻게 하지? 우리의 앞길은 어떻게 되는 거지?' 그래서 그들은 자신들에게 익숙한 것을 통해 위안을 받으려 한다. 그게 무엇인가? 바로 우상숭배이다. 이집트에서 400년을 사는 동안 그들은 우상을 섬기는 것에 익숙해져 있었다. 그들은 황금송아지를 만들고, 그 앞에 절을 한다.

하나님은 신앙 없는 이스라엘 백성에게 크게 노하시면서도, 그들에게 은혜를 주시려고 정월 초하루 날부터 회막이라는 공간을 만들어 놓고, 그들을 초청하신다. 한마디로 회막은 하나님의 은혜를 퍼갈 수 있는 축복의 플랫폼이다.

그래서 누구든지, 어디서든 쉽게 올 수 있도록 중앙에 회막을 배치하였다. 이백 만 인원이 움직이는 것을 고려하여 동서남북 각각에 세 지파, 총 열두 지파가 텐트를 치고 포진하면서 정중앙에 회막을 놓으니 누구나 쉽게 접근할 수 있게 한 것이다.

이처럼 언제든지 하나님을 만날 수 있는 곳, 언제든지 하나님의 은혜를 퍼올 수 있는 곳, 이것이 바로 교회이다. 따라서 교회는 플랫폼처럼 누구든지 쉽게 접속할 수 있는 은혜 공동체가 되어야 한다.

그렇다면 우리가 어떻게 하면 하나님과 나의 플랫폼을 만들어 갈 수 있을까?

하나님과 친밀한 만남을 이루며 살아가자

절대적 신이신 하나님이 피조물인 인간과 교제하고 싶어 하신다. 성경은 창세기 1장에서부터 이점을 최대한 부각시킨다. 하나님은 창조의 첫 순간부터 에덴동산에 살고 있는 인류의 조상인 아담을 찾아오셔서 대화를 나누신다. 그와 친밀한 교제를 나누신다. 하나님과 인간이 서로 친구가 되어 모든 좋은 것을 공유하였다. 에덴동산이야말로 하나님과 인간이 즐거운 만남을 이룬 첫 번째 플랫폼이었다.

하나님은 한참 세월이 지난 후에 아브라함을 찾아오셔서 그를 친구 삼아 주셨다. 아브라함을 "나의 벗, 내 친구"라고 불러 주셨다(사 41:8). 아브라함이 그 좋은 바벨로니아를 떠나 멀고 먼 땅, 불모지로 가는 것을 두려워하지 않은 이유가 바로 이것이다. 그가 하나님을 제대로 만났기 때문이다. 사도행전 7장 2절을 보면, 아브라함은 영광의 하나님을 만나는 체험을 하였기에 코페르니쿠스적인 변화를 받았다.

오늘 우리에게도 이 같은 인격적인 만남이 필요하다. 김장환 목사님의 지론대로, "사람이 사람을 만나면 역사가 일어나지만, 사람이 하나님을 만나면 기적이 일어난다."

모세가 그런 행복한 체험을 했다. 모세는 외롭고 적막한 광야에서 하나님을 만났다. 그리고 하나님과 다정한 친구가 되었다. 인생 횡재한 것이다.

여호와께서는 마치 사람이 자기 친구에게 말하듯이 모세와 얼굴을 맞대고 말씀하셨습니다. (11절, 쉬운성경)

이 같은 친밀한 만남이 있었기에 모세는 광야에서도 외롭지 않았다. 120년 인생이 힘들지 않았다.

민수기 12장 8절에서도 하나님은 모세와 만나 교제를 하시는데, 얼굴과 얼굴을 맞대고 대화하셨음을 성경은 강조한다. 또 신명기에서도 이것을 또 다시 강조한다.

모세는 여호와께서 얼굴과 얼굴을 마주하여 말씀하신 사람이었습니다.
(신 34:10, 쉬운성경)

이처럼 하나님은 모세와 아주 친밀하게 교제를 나누셨다.

예수님이 하늘에서 땅으로 내려오신 목적이 바로 이것이다. 우리와 친밀한 교제를 나누시려고 우리와 똑같은 모습으로 오신 것이다. 그래서 예수님은 우리를 '친구'라고 불러 주신다. 빈부귀천, 남녀노소의 경계선을 뛰어넘어 누구든지 친구라고 불러 주신다.

이것이 기독교의 독특성이다. 이 세상 어느 종교도 인간은 절대자인 신께 범접하지 못한다. 피조물 인간은 감히 조물주에게 다가갈 수 없다. 그런데 기독교는 본질이 다르다. 절대자이신 하나님이 죄인 된 사람을 찾아오신다. 그리고 그의 친구가 되어 주신다. 여기에 예외는 없다. 가난한 자, 아픈 자, 소외당한 자, 외로운 자, 죄 때문에 고뇌하는 자, 그 모두에게 찾아오셔서 그를 '친구'라고 불러 주신다. 그리고 그와 친밀한 교제를 나누신다.

오늘도 나를 찾아오셔서 나와 친밀한 만남을 이루어 주시고, 나의 친구가 되어 주실 주님을 기억하기 바란다. 그리고 그 주님을 만나기를 바란다. 예수님은 당신에게 친구가 되어 주신다.

하나님의 친밀한 은총을 체험하며 살아가자

앞서 말했듯이 하나님께서 모세를 회막이라는 별도의 장소로 불러내신 이유는 그와 이스라엘 백성에게 은총을 베푸시려는 것이었다(7절).

우상을 만들어 섬긴 이스라엘 백성은 이 일로 약 3천 명 정도가 죽는다 (32장). 그러자 그들은 하나님의 노하심에 겁을 먹었고, 자신들의 잘못을 회개한다. 그리고 그들의 회개에 하나님은 마음을 바꾸시고, 모세를 회막으로 불러내신다. 은총을 베풀어 주시기 위해서이다. 이것이 교회의 본질이다. 교회는 누구든지 나오기만 하면 하나님께서 준비해 놓으신 은혜를 받는 곳이다. 그야말로 축복의 플랫폼이다.

목사로서 내가 토요일에 목숨을 걸고 지키는 게 있다. 교회를 개척한 이후 31년 동안 토요일에는 예배를 위해 집중해 왔다. "한 주 동안 지쳐 있던 사람들, 외롭고 아픈 사람들, 미래가 두려운 사람들이 주님 앞에 나옵니다. 이곳이 하나님을 만나고 하나님이 부으시는 은혜를 받고 돌아가는 플랫폼이 되게 하여 주시옵소서." 예배를 통해 성도들이 은혜를 체험하게 되기를 간절히 기도한다. 교회는 하나님의 은혜가 있는 곳이기 때문이다.

그래서 구약시대는 성전을 '시은소'라고 불렀다. 하나님께서 은혜를 베푸시는 곳이라는 의미이다. 그 원형이 곧 회막이다. 하나님께서 은혜를 저장해 놓고, 기다리시는 곳이다.

여호와께서 대답하셨습니다. "내가 나의 모든 은총을 네 앞에 지나가게 하겠다. 그리고 네 앞에서 나 여호와의 이름을 선포할 것이다. 나는 은혜를 베풀 사람에게 은혜를 베풀고, 자비를 베풀 사람에게 자비를 베풀 것이다." (19절, 쉬운성경)

모세는 출애굽기 33장에서 '은혜'라는 말을 7번이나 반복한다. 우리가 하나님께 나오기만 하면 하나님은 곧바로 은혜를 베풀어 주신다는 것을 강조하기 위해서이다. 참 감격스럽지 않은가? 이것이 하나님과 나의 플랫폼이다.

불안해하고 두려워하는 이스라엘을 향한 하나님의 은혜가 얼마나 큰지 한번 보자.

첫째, 주님이 친히 알아주신다. 하나님은 모세에게 거듭 말씀하신다(12, 17절). "모세야, 내가 너를 알아." 하나님은 오늘 우리에게도 같은 말씀을 하신다. "내가 너의 사정을 알고 너의 여건과 상황을 알고, 내가 너의 마음을 알아." 우리가 자주 부르는 찬양의 가사처럼, 주님은 내 이름을 아시고, 내 모든 생각을 아시며, 내 흐르는 눈물을 닦아 주시는 분이다.

둘째, 주님이 친히 동행해 주신다. 이스라엘 백성이 황금송아지를 만들어 그 앞에 절을 한 이유가 무엇인가? 앞길이 두렵고 불안하기 때문이다. 그런데 주님이 뭐라고 말씀하시는가? "내가 친히 너와 함께 가리라. 내가 친히 너와 동행하리라."

하나님은 앞날에 대한 불안과 염려로 흔들리는 이들을 안심시켜 주시며, 어디든지 함께하시겠다는 놀라운 약속을 주신다. 그래서 예수님이 오셨다.

그분은 세상 끝 날까지 우리와 함께해 주신다.

셋째, 주님이 사랑으로 덮어 주신다. 이스라엘만 잘못한 것이 아니다. 모세도 큰 잘못을 저질렀다. 시내산에서 40일 동안 기도를 드리고 하나님이 주신 십계명을 가지고 내려오는데 이스라엘 백성이 황금송아지 앞에서 절하고 있는 것을 본다. 그는 화를 참을 수 없어 십계명을 던져 버리고 만다. 이 모든 것을 아시는 하나님이 말씀하신다. "내가 너의 잘못을 덮어 주리라. 너를 내 손으로 덮어 주리라"(22절).

모세가 화를 참지 못하고 십계명 돌판을 던져 깨뜨린 것은 잘못이지만, 하나님은 기도하는 모세를 찾아오셔서 사랑으로 덮어 주신 것이다. 그래서 모세는 시편 91편에서 우리에게 이렇게 당부한다.

사랑의 깃털과 날개로 덮어주시는 하나님의 은혜를 체험하며 살아가라.

(4절, 사역)

이것이 회막의 은총이다. 하나님과 나의 플랫폼 축복이다. 다윗은 시편 32편 1절에서 이런 진솔한 간증을 한다.

"잘못을 용서받고 하나님이 죄를 덮어주신 사람은 복되다."

예수님은 오늘도 우리를 은혜의 보좌로, 그분의 플랫폼으로 초청하신다. 그리고 예수님의 십자가 앞에 나오는 모두에게 긍휼을 베풀어 주신다. 사랑의 깃털로 덮어 주시고, 은혜의 날개로 감싸 주신다.

그러므로 우리는 주님의 플랫폼인 교회로 나와서 수고하고 무거운 짐들을 다 내려놓고, 주님의 은총을 퍼 가면 된다. 이 놀라운 은혜의 자리를 사모하고 또 찾는 복된 인생이 되기를 소망한다.

4부

약이다

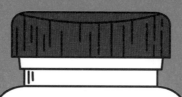

Q. 이유 모를 고난에
답답할 때

고난은
악이 아니라,
약이다

요한복음 9:1-3

Q. 이유 모를 고난에 답답할 때

고난은
악이 아니라, 약이다

요한복음 9:1-3 | 우리말성경

●

¹예수께서 길을 가시다가 날 때부터 눈먼 사람을 만나셨습니다. ²제자들이 예수께 물었습니다. "랍비여, 이 사람이 눈먼 사람으로 태어난 것이 누구의 죄 때문입니까? 이 사람의 죄 때문입니까, 부모의 죄 때문입니까?" ³예수께서 대답하셨습니다. "이 사람의 죄도, 그 부모의 죄도 아니다. 다만 하나님께서 하시는 일들을 그에게서 드러내시려는 것이다.

●

암 진단을 받은 지 어느덧 1년이 지났다. 교우들의 뜨거운 중보기도와 주님의 은혜로 지난 1년 동안 잘 극복해 왔다. 이렇게 1년씩 20년만 연장해도 85세까지 산다. 아이러니하지만, 암을 없애기 위해 다양한 치료를 받다 보니 전반적으로 더 건강해졌다. 고난은 악이 아니라, 약이 될 수 있다는 것을 새삼 깨닫는다.

코로나바이러스로 인해 전 세계가 진통을 겪고 있다. 수많은 사람이 건강과 생명을 잃었고, 경제적 손실은 어마어마하다. 펜데믹이 선언된, 세계적 재앙의 시대이다. 그런데 이런 와중에도 코로나라는 악재가 준 몇 가지 선물들이 있다. 첫째, 사람들이 불필요한 외부 활동을 줄이고, 일이 끝나면 일찍 귀가한다. 둘째, 가족들과 많은 시간을 보낸다. 셋째, 부부가 서로 배려하고 보호한다. 넷째, 삶이 단순해지고, 경제적으로 절약한다. 다섯째, 여러 종류의 질병이 예방되고 있다(감기, 결막염, 수족구병 등). 여섯째, 신앙적으로 하나님을 더욱 의지하고, 은혜를 갈망하며 살아간다. 일곱째, 아이들이 튼튼해지고 있다. 학교를 못 가고 집에 머물면서 좋은 음식을 먹으며 영양을 보충하기 때문이다. 그동안은 하교 후에도 학원을 가고 과제들을 하느라 잘 먹고 쉴 틈이 없었다. 그래서 우리나라 아이들이 체력이 약하다. 한국 학생들이 외국 대학으로 유학을 가면, 좋은 성적으로 들어가도 졸업할 때는 뒤처지는 경우가 꽤 많다. 서양 아이들에 비해 체력이 달리고, 이미 청소년 시절에 에너지를 다 써서 지구력도 없기 때문이다. 그래서 지금의 상황이 어떤 면에선 우리 아이들의 체력을 탄탄하게 보강하는 기회일 수 있다고 생각한다.

여하튼 고난은 악이 아니라, 약이다. 인간이 당하는 고난에 대한 일반 종교의 해석은 대단히 부정적이다. 불교, 힌두교, 이슬람교 모두 고난을 전생의 죗값이나 저주로 규정한다. 인과응보식 업보나 불행한 운명으로 해석한다. 그런데 기독교는 고통을 부정적으로만 여기지 않는다.

물론 성경에 나타나듯 고통의 시작은 '죄'이다. 고통은 인간의 불순종에서 온 것이 맞다. 그러나 하나님은 사탄이 가져온 고통이라는 악을 약으로 선용해 주신다. 이게 기독교의 역설이다. 그래서 성경은 '가시 때문에'라기보다 '가시 덕분에'라는 긍정의 신앙을 심어 준다. 그 사람 때문에 내가 고생한 게 아니라, 그 사람 덕분에 더 아름답게 빚어진 것이다.

본문을 살펴보면, 어떤 사람이 태어나면서부터 앞을 보지 못하게 되었다. 이에 대한 사람들의 반응은 차갑다. 앞을 보지 못하는 것을 안쓰럽게 여기고 그에게 긍휼의 마음을 품기보다, 이 불행이 누구의 죄 때문인지가 궁금하다.

"자신의 죄 때문입니까, 부모의 죄 때문입니까? 누구 탓입니까?"

아프고 어두운 삶을 살고 있는 이의 마음을 헤아리지 못하고, 상처에 식초를 뿌리는 듯한 질문을 한다.

이 같은 질문에 예수님은 제 3의 대답을 주신다.

이 사람의 죄도, 그 부모의 죄도 아니다. 다만 하나님께서 하시는 일들을 그에게서 드러내시려는 것이다. (3절, 우리말성경)

예수님의 답변은 놀라운 복음이다. 인간의 근본문제를 풀어 주는 하늘의 해법이다. 예수님은 우리가 겪는 시련이나 고난에 대하여 누구를 탓하지 말라고 가르쳐 주신다. 고난을 회의적으로 해석하지 말고, 신앙적인 관점으로 풀어 가자는 제안이다.

본문을 자세히 관찰해 보면, 1절과 2절이 대칭을 이루고 있음을 알 수 있다. 1절 말씀에서 예수님은 태어날 때부터 시각장애인이 된 사람을 사랑의 눈으로 바라보신다. 그런데 2절을 보면, 사람들은 정죄 의식과 비판의 눈으로 그 사람을 쳐다본다. '저 사람이 왜 다쳤을까, 왜 아플까, 틀림없이 뭔가 지은 죄가 있을 거야'라고 생각하는 것이다.

우리는 간혹 고난을 인과응보식으로 섣불리 판단할 때가 있다. 욥기서에 잘 나타나지 않는가? 우리는 고통의 이유만 따질 뿐, 고통의 짐을 나누려 하지 않는다. 우리의 내면을 따뜻한 사랑이 아닌 매정한 이성이 지배하기 때문이다. 이처럼 누군가의 시련이나 어려움에 대하여 사랑 없는 정죄 의식으로 풀이하는 것은 성경적 시선이 아니다. 우리는 고난의 의미와 목적을 하나님의 관점으로 해석해야 한다. 고난에는 반드시 하나님의 뜻이 있기 때문이다.

시련이나 고통에 대하여 '왜'라는 물음보다, '하나님께서 이 시련을 통해 어떻게 역사하실까?'라는 희망적인 질문을 던져야 한다. 하나님께서 어떤 일을 하시는지에 주목해야 한다. 인생의 어떤 문제를 만나도 희망 방정식으로 풀어 가야 한다. 다시 말해, 인간의 이성적 판단을 뛰어넘는 하나님의 섭리로 우리 인생을 해석해야 한다.

나는 이 표현을 참 좋아한다.

"당신의 고통 뒤에는 하나님의 큰 목적이 있습니다"(God's purpose behind your pain).

맞다. 고난은 악이 아니라, 약이다. 그렇다면 과연 어떤 의미에서 약이 될까?

하나님은 고난을 통해 눈을 열어 주신다

본문의 주인공인 시각장애인은 앞을 보지 못하는 자신의 불행 덕분에 예수님을 만나 눈을 뜨는 기적을 체험했다. 그런데 이것이 전부가 아니다. 성경은 1차원적인 기적 이야기를 하려는 게 아니다. 이 사람은 예수님을 만나 몸의 눈만 뜬 것이 아니라 영의 눈이 떠졌다. 예수님이 메시아 구세주이심을 보게 되는 눈이 열린 것이다.

이 사람이 어떻게 서서히 예수님을 알아 가는지가 우리가 주목해야 할 이야기이다. 요한복음 9장 전체에 걸쳐 기록된 그 과정이 매우 멋지다. 마치 한 편의 드라마와도 같다. 앞을 보지 못하던 사람이 갑자기 눈을 뜨게 되자 사람들이 물어본다. "아니 어떻게 눈을 뜨게 됐습니까?" 그런데 이 사람에게는 예수님에 대한 지식이 없었다. 그래서 몇 개의 단계를 거치며 예수님에 대해 알아 간다. 첫 번째 단계로, 그는 예수님을 위대한 사람으로 생각한다(11절). 두 번째 단계로, 그는 예수님을 종교적 선지자로 생각한다(17절). 세 번째 단계로, 그는 예수님을 메시아 구세주로 믿는다(38절). 그래서 결국 그는 예수님께 무릎을 꿇고 예수님을 경배한다(he worshiped Him).

우리가 처음에는 깨닫지 못할 수 있다. 그러나 결국에는 내게 일어난 모든 일이 나를 사랑하시는 하나님의 은혜임을 알고, 두 손을 들어 하나님을 경배하고 예배하는 믿음의 눈이 밝아지게 될 줄 확신한다.

어려움이 있는가? 고난으로 힘든 시간을 보내고 있는가? 그래서 결국 하나님을 더욱 의지하게 되지 않았는가? 절체절명의 순간에 하나님의 역사를 체험하기에 영적인 안목이 달라지기 시작하지 않았는가? 예수님은 우리의 눈을 열어 주신다. 그래서 요한복음에서는 '빛으로 오신 예수님'을 33번이나 부각시킨다. 예수님은 우리로 하여금 하나님이 얼마나 좋은 분인지를 보게 하신다. 사랑의 하나님을 보게 하신다. 긍휼의 하나님, 은혜의 하나님을 보게 하신다. 기적의 하나님을 보게 해 주신다.

3절의 "하나님께서 하시는 일을 나타낸다"는, 헬라어로 "밝히 보여 주신다, 눈을 열어 주신다"는 뜻이다. 하나님은 고난과 시련을 통하여 우리 눈의 비늘을 벗겨 주신다. 그래서 전에는 보지 못했던 것을 보게 하시고 알지 못했던 것을 깨닫게 하신다.

살다 보면 때때로 영혼의 어두운 밤을 보내게 된다. 외로움, 고단함, 무력감, 우울함이 우리를 감싸는 때를 만나게 된다. 그런데 놀랍게도 그 어두운 밤에 하나님이 더 잘 보인다. 영혼의 어두운 밤을 보내면서 하나님을 새롭게 체험한다. 캄캄할수록 별이 더 잘 보이는 것처럼, 인생의 어두운 밤이 하나님을 바라보는 신앙의 눈을 열어 준다. 고난 덕분에 주님을 보게 되는 것이다. 모두가 참 어려운 시절이다. 이 어수선한 상황 속에서 하나님이 더 크게 보이고, 하나님의 도우심과 역사하심이 더욱 선명하게 보이는 은혜가 있기를 바란다.

다시 본문으로 돌아와서, 요한복음 9장은 마무리에서 두 종류의 상반된 모습을 대비시킨다(38-41절). 날 때부터 앞을 보지 못한 사람은 고난을 통해 예수님을 선명하게 보는 영안이 열린다. 그러나 당시 종교지도자였던 바리새인들은 성경을 많이 알면서도 영의 눈을 뜨지 못했다. 그래서 눈뜬 소경이 되고 만다.

세상에는 똑똑한 사람들이 참 많다. 그러나 지식이 많아도 하나님을 보지 못하고 사는 사람이 있다. 반면, 고난의 소용돌이 속에서 힘든 싸움을 하면서도 더욱 하나님을 바라보며 사는 사람들이 있다. 고난을 통한 은혜이다. 따라서 고난은 악이 아니라 약이 된다.

스스로를 돌아보기를 바란다. 나는 눈이 먼 자인가, 눈이 열린 자인가? 어려움과 고난을 겪으면서도 영의 눈이 열리지 못하면 얼마나 더 불행해질까? 그러니 눈이 열리는 은혜를 구하기를 바란다. 하나님을 바라볼 수 있게 해 달라고 기도하기를 바란다. 그래서 내 눈을 어둡게 하는 영적 비늘이 벗겨지기를 바란다. 기도하는 모든 이가 심령의 눈이 열려 하나님이 보이는 은혜가 있기를 축원한다. 신앙생활을 해 갈수록 하나님이 더욱 크게 보이기를 축복한다. 인생의 어떤 소용돌이에서도 신비롭게 역사하시는 하나님을 선명하게 바라볼 수 있게 되기를 축복한다.

하나님은 고난을 통해 간증하게 하신다

어느 날 갑자기 예수님을 만난 이 시각장애인은, 이후 꿈만 같은 현실을 살아간다. 그 누구도 고칠 수 없는 병이 고침을 받았기 때문이다. 그래서 사람을 만날 때마다 자신을 고쳐 주신 예수님을 소개하며 간증한다.

요한복음 9장 18절부터 아주 드라마틱한 장면들이 이어진다. 예수님을 만나 눈을 뜬 시각장애인과 그의 부모는 생생하게 간증한다. 그들의 간증은 단 한마디이다.

"예수님이 눈을 뜨게 하셨습니다. 하나님이 보내신 메시아 예수님이 눈을 뜨게 하셨습니다."

오늘 우리에게도 이 같은 놀라운 간증이 많아지기를 축복한다.

본문의 주인공처럼 태어날 때부터 겪은 고통이 아니더라도, 살다 보면 어려움을 만날 수 있다. 특히 요즘 코로나 사태로 많은 사람이 힘든 상황을 겪고 있다. 그런데 우리는 악재가 호재가 되는 놀라운 체험을 할 수 있다. 간증의 주인공이 될 수 있다.

1664년 영국이 낳은 세계적인 물리학자 뉴턴(Isaac Newton)이 23살이 되던 해에 런던에는 흑사병이 창궐하였다. 수많은 사람이 죽어 나갔고, 많은 사람이 시골로 피신을 했다. 대학들은 모두 문을 닫았다. 어려서부터 병약하여 자주 시골 외갓집으로 내려가 요양을 하던 뉴턴도 케임브리지 대학에서의 학업을 중단하고, 외갓집으로 피신을 갔다. 그는 적막한 시골에서 끊임없이 공부하고 연구했다. 그 결과 '빛의 신비', '만유인력', 그리고 '미적분'이라는 놀라운 열매를 탄생시켰다. 악재가 가져다준 호재이다. 그래서 과학계에서는 이 같은 절망의 때를 "뉴턴의 기적의 해"라고 명명한다.

하나님은 오늘도 고난을 통해 간증하게 하신다. 기독교 역사를 보면 어둡고 힘든 때일수록 기적이 많이 일어났다. 우리가 아무런 힘이 없어 절박함으로 애절하게 부르짖을 때, 하나님의 놀라운 개입이 시작되는 것이다. 우리 모두가 간증의 주인공이 될 수 있다.

선천성 사지 절단증을 가지고 태어난 닉 부이치치(Nick Vujicic)를 많은 사람이 알고 있을 것이다. 그는 자신의 절망을 신앙으로 극복하여 하나님을 간증하며 살아가고 있다. 그의 긍정마인드가 참 매력적이다. 그는 자신의 장애를 놀라운 긍정으로 해석한다.

"Go Disable → God is able."

"장애는 물러가라. 하나님이 모든 것을 하실 수 있다"는 뜻이다. 나는 그를 이렇게 표현하고 싶다. "절망을 절망시키는 사람" 그가 강조하는 것은 단순하다. "우리가 어떤 한계에 놓여 있느냐가 아니라, 어떻게 한계를 극복하느냐가 중요하다"이다.

닉 부이치치는 그의 책에서 다음과 같은 말로 희망을 준다.

"하나님은 기적을 보여 주시는 대신, 나로 하여금 기적이 되게 하신다."

얼마나 역동적인 간증인가? 그의 간증은 언제 들어도 가슴을 뛰게 한다.

"하나님은 단 한순간도 나를 포기하신 적이 없다. 그래서 나 자신도 나를 포기하지 않는다."

하나님이 나를 포기하지 않으셨다면, 내가 나를 포기할 필요가 없다. 내가 어떤 사람인가? 하나님께서 예수님의 핏값으로 사신 비싼 존재가 아닌가. 나를 위해 하나님께서 독생자 아들을 희생시키셨다면, 내 인생은 하나님께서 하나님의 작품으로 만들어 주실 줄 믿는다.

장애물 경기의 허들은 '넘어지라'고 있는 것이 아니다. '넘어서라'고 존재하는 것이다. 우리 삶에 장애물들이 많지만, 우리는 넘어지는 자가 아니라 넘어서는 자이다. 우리는 인생의 어떤 걸림돌도 디딤돌로 바꾸며 살아갈 수 있다.

최근 중국 공산당이 기독교를 박해하면서 수많은 선교사를 강제로 추방했다. 우리 교회에서 파송한 박열방 선교사와 장대위 선교사도 어쩔 수 없이 철수하게 되었다. 참으로 씁쓸한 일이다. 그런데 하나님은 이 일을 신비한 은혜로 덮어 또 다른 사역으로 전환시켜 주신다. 박 선교사는 명지대학교에서 중국 유학생들을 가르치는 교수 사역을 하고 있고, 장 선교사는 경기대학교와 아주대학교를 중심으로 중국 유학생 교회 개척을 하고 있다. 코로나로 인해 대학 내 어떤 공간도 사용할 수 없어 모임을 갖지 못하고 있는 답답한 상황에서, 하나님께서 놀라운 기적 은총을 베풀어 주셨다.

또한 청소년들을 돌보는 민들레학교에서 주말에 개척교회가 공간을 사용할 수 있도록 공모를 했는데, 장 선교사의 생명수교회가 낙점이 되었다. 아무런 비용을 부담하지 않고 공간을 사용할 수 있도록 하나님이 기적 은총을 베풀어 주셨다. 하나님은 오늘도 고난을 통해 간증하게 하신다.

당신에게는 어떤 간증이 있는가? 예수님을 만나 눈이 열린 경험을 가지고 있는가? 본문에 등장한 시각장애인처럼 하나님을 높이고, 경배하고, 하나님의 기적 은총을 간증하며 살아갈 수 있기를 바란다. 하나님이 도와주시는 삶, 하나님이 열어 주고 풀어 주시는 삶, 하나님이 고쳐 주시는 삶을 통해 "하나님이 하셨습니다"라는 고백이 날마다 이어지기를 소망한다.

고난은 악이 아니라 약이다

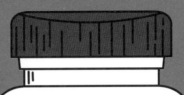

Q. 모든 것을
포기하고 싶을 때

실망, 절망
그래도
희망

사사기 13:1-5, 24-25

Q. 모든 것을 포기하고 싶을 때

실망, 절망
그래도 희망

사사기 13:1-5, 24-25 | 메시지성경

●

¹그 후에 이스라엘 백성이 또다시 하나님 보시기에 악을 행했다. 하나님께서 사십 년 동안 그들을 블레셋 사람의 지배를 받게 하셨다. ²·⁵그때 소라 땅에 단 지파 출신의 마노아라는 사람이 있었다. 그의 아내는 임신하지 못하여 자녀가 없었다. 하나님의 천사가 그녀에게 나타나 말했다. "네가 임신하지 못하여 자녀가 없다는 것을 내가 안다. 그러나 이제 네가 임신하여 아들을 낳을 것이다. 그러니 아주 조심해야 한다. 포도주나 맥주를 마시지 말고, 부정한 것은 어떤 것도 먹지 마라. 실제로 너는 이제 바로 임신하여 아들을 품게 될 것이다. 그의 머리에 면도칼을 대서는 안 된다. 그 아이는 태어나는 순간부터 하나님의 나실인이 될 것이다. 그가 블레셋의 압제에서 이스라엘을 구원하는 일을 시작할 것이다." ²⁴·²⁵여인이 아들을 낳자, 그들이 그의 이름을 삼손이라고 지었다. 아이가 자랄 때에 하나님께서 그에게 복을 주셨다. 그가 소라와 에스다올 사이에 있는 단지파의 진에 머물 때에 하나님의 영이 그 안에서 역사하기 시작하셨다.

●

자녀를 낳게 되면, 부부가 함께 머리를 맞대고 고심하는 것 중 하나가 아이의 이름을 짓는 일이다. 잘되기를 바라는 소망과 비전을 품고 의미 있게 이름을 지어 준다. 우리 교회 박성현 목사는 어머니가 목회자로 키우려고 '어질고 착한 성자가 되라'는 의미로 작명하셨다. 김상훈 목사는 '여러 사람을 빛나게 해 주는 자가 되라'는 의미이고, 이주림 목사는 임금 '주', 수풀 '림'을 사용해, '숲을 다스리는 사람, 즉 세상을 다스리는 리더가 되라'는 뜻이다.

사람 이름뿐만이 아니라 가게 상호나 회사 이름도 나름의 뜻을 가지고 있다. 특히 제약회사 종근당의 배경스토리가 참 멋지다. 어머니가 새벽마다 교회의 종을 치며 기도하신 믿음을 근거로 지어진 이름이다. 창업자 고 이종근 회장은 이렇게 고백한다. "오늘날 내가 이 자리에 있는 것은 나의 실력으로 인한 것이 아닙니다. 어머니의 새벽기도의 힘으로 기업을 이루게 된 것입니다."

본문의 주인공인 '삼손'의 이름에도 특별한 의미가 담겨 있다. 먼저 삼손은 기적의 아들이다. 삼손의 부모는 오랜 결혼생활에도 아이가 없었다. 그런데 어느 날 주님이 찾아오셔서 말씀하셨다. "네게 아들을 줄 것이다." 그리고 약속대로 기적이 일어났다. 기도응답으로 태어난 아이는 성령의 특별한 은혜 속에서 성장했다.

여인이 아들을 낳자, 그들이 그의 이름을 삼손이라고 지었다. 아이가 자랄 때에 하나님께서 그에게 복을 주셨다. 그가 소라와 에스다올 사이에 있는 단지 파의 진에 머물 때에 하나님의 영이 그 안에서 역사하기 시작하셨다. (24-25절, 메시지 성경)

아이는 눈동자부터 달랐다. 총기 있게 반짝이는 눈이었다. 그래서 이름을 '삼손'이라고 지었다. '삼손'(Samson)은 'sunshine', 곧 '광채', '태양과 같은 자', '어두운 세상에 밝은 빛을 비추는 자'라는 의미이다. 당시 이스라엘의 상황은 암울했다. 삼손의 부모는 어린 아들에게 역사의 암흑기에 밝은 빛을 비추는 큰 인물이 되라는 뜻의 이름을 붙여 준 것이다. 한마디로 자긍심을 심어 준 것이다.

"You are our sunshine!"(너는 우리 가정의 빛이야. 보배야. 희망이야!)

그런데 안타깝게도 삼손의 인생은 떠오르는 태양이었다가 빛을 잃은 석양 인생으로 변질되고 말았다. 희망찬 일출 인생에서 절망적인 일몰 인생으로 추락했다. 여명 인생에서 석양 인생으로(sunshine to sunset), 하나님의 특별한 능력을 받은 강한 자에서 약한 자로(win to weak) 굴러 떨어졌다.

삼손은 왜 그렇게 되었을까? 이유는 간단하다. 신앙적으로 살아야 할 사람이 세상 향락에 빠졌기 때문이다. 이 동네 저 동네 무분별하게 돌아다니다가 자신의 정체성을 잃어버렸다. 정체성, 곧 신앙적 기본을 무너뜨리니까 점점 불 속으로 들어가는 나방 꼴이 되고 만 것이다. 그는 점점 타락에 익숙해져 갔다.

사사기 14장은 그가 계속 내려가는 인생을 살았음을 세 번이나 강조한다. 그러나 다행이도 결국에는 자신의 잘못을 깨닫고 회복한다. 힘없이 무너졌다가 다시 일어난다.

그의 이런 모습은 실망과 절망, 그리고 다시 희망 인생의 모델이 되어 준다. 우리 마음속에 새기고자 나는 이렇게 표현하고 싶다.

"sunrise, sunset, sunshine, incline, decline, recline."

삼손의 일생은 떠오르는 아침햇살에서 갑자기 지는 해가 되었지만, 그는 다시 빛나는 인생을 회복한다.

실제로 주변에 보면, 어렸을 때는 가족과 친구들에게 기쁨을 주는 복덩어리였다가, 청소년기를 지나 대학교에 가서는 완전히 뒤로 쳐지는 이들이 있다. 그러나 여기서 끝나서는 안 된다. recline, 다시 올라서는 역사가 그들 가운데 일어나야 한다.

성경은, 결국 다시 일어서는 회복 모델을 통해 우리로 하여금 어떤 낭패와 좌절에서도 다시 살아나는 희망을 품게 해 준다. 이것이 십자가와 부활의 복음이다. 그래서 사사기 16장은 삼손이 실패한 인생으로 쓸쓸하게 끝나지 않고, 성령의 새 기운으로 모든 것을 멋지게 회복하는 것으로 끝이 난다. 성령이 기운을 주시니까, 그가 평생에 했던 것보다 몇 배 더 멋진 일로 인생을 마감한다.

성경의 여섯 번째 책인 사사기에는 하나님이 특별하게 쓰신 사람들 16명이 소개되고 있는데, 그중에서 삼손의 삶을 가장 길고 풍성하게 이야기한다. 총 21장 중에서 삼손 한 사람에게 4장이나 할애한다. 그만큼 삼손을 통해 우리에게 전하려는 메시지가 중요한 것이다. 어떤 메시지인가? 절망 중에도 희망이 있다는 메시지이다.

주님 안에는 늘 희망이 존재한다

러시아의 문호 톨스토이(Leo Tolstoy)는 행복한 가정에서 성장했다. 그러나 20대에 친구의 유혹에 넘어가 신앙생활을 접게 된다. 부모에게 희망이 아닌 절망을 안겨 주고 만다. 그리고 40대에 하나님께로 다시 돌아와 훌륭한 크리스천 문학가가 된다. 그는 이렇게 고백한다.

"나는 종교로 돌아온 것이 아니라, 예수 그리스도께로 돌아왔습니다."

이것이 하나님께서 하시는 방법이다. 그가 하나님께로 돌아와 남긴 작품이 그의 대표작이 된 『부활』이다. 곧, 회복됨이다. 부모 입장에서 처음에는 실망하고, 그다음에는 절망했을 것이다. 그러나 결국 어떻게 되었는가? 희망적인 현실로 바뀌었다.

주님 안에는 늘 희망이 존재한다. 따라서 선망의 눈으로 세상을 바라보는 대신, 주님만을 바라보며 살아가야 한다. 세상을 바라보며 부러움과 열등감, 패배의식으로 짓눌리지 말고, 잠잠히 하나님의 뜻과 복된 섭리를 내다보며 의연하게 살아가기를 바란다. 또한 과거에 집착하는 대신, 미래를 기대하며 살아가기를 바란다. 우리는 때로 젊은 날의 작은 실패에 너무 쉽게 낙망한다. 과거에 사로잡히기보다, 미래영광을 바라보는 희망신앙으로 살아가기를 바란다.

우리 각자의 인생은 여기서 마침표를 찍지 않을 것이다. 잠깐 쉼표를 찍고, 하나님께서 그다음 인생으로 써 내려 가실 줄 믿기를 바란다. 나는 "포기하기에는 아직 이릅니다"라고 끊임없이 강조한다. 하나님이 포기하지 않으셨는데, 내가 먼저 체념하고 포기하는 것은 옳지 않다.

구약시대 믿음의 사람 욥이 실의와 절망에서도 일어날 수 있었던 비결은 이전처럼 회복되리라는 희망의 기도를 드린 것이다. 욥의 기도를 보라(욥 29:2).

"나는 지난 세월과 하나님이 나를 보호하시던 때가 다시 오기를 원합니다."

하나님은 이런 진솔한 기도를 좋아하신다. 그리고 이런 기도에 기꺼이 응답해 주신다. 그래서 욥은 이전보다 더 나은 회복의 새아침을 맞이할 수 있었다(욥기 42장). 오늘 우리에게도 동일한 역사가 일어날 줄 믿기를 바란다.

하나님은 훌륭한 목수와 같은 분이다. 유능한 목수는 부러진 나무도 잘 다듬어서 좋은 재목으로 사용한다. 그래서 종교개혁자 칼빈은 이렇게 말한다. "하나님은 인간을 수리하기로 작정하셨다." 그렇다. 하나님은 우리를 고쳐서 쓰신다. 그래서 우리에게 성령님을 보내 주신 것이다. 성령님은 재창조하는 분이다. 회복시키시고, 다시 일어나게 하시는 분이다. 성령님은 우리를 변화시키실 뿐만 아니라, 새 창조를 이루신다. 구약성경 에스겔서 말씀대로 마른 뼈와 같이 소망이 없는 우리를 다시 일어나게 하셔서 춤을 추며 살아가게 하신다.

성경에서 삼손의 추락과 회복을 길게 이야기하는 목적이 이것이다. 삼손은 성령의 은혜로 태어난 사람이기에 성령님이 그를 포기하지 않으셨다. 우리 자녀들도 성령님이 주신 것 아닌가? 성령께서 주셨으니 성령께서 빚어 가신다. 내 남편, 내 아내도 성령께서 만나게 하셨으니 성령께서 다듬어 가신다.

삼손이 위기에 처하는 결정적인 순간마다 성령님이 도와주신 것을 보라. 죽은 나귀턱뼈를 가지고도 천 명을 이기게 하신다. 그는 이스라엘의 12번째 사사로서 성령의 능력으로 12가지 기적을 일으키는 족적을 남긴다. 결국 성령님은 그의 눈이 뽑히는 절망적인 상황에서도 그에게 새 기운을 주셔서 실패를 만회할 수 있는 기회를 주신다. 그가 늦었지만 깨닫고 통렬하게 회개하며 성령의 은혜와 능력을 간구했기 때문이다(16:28). 사사기 16장의 멋진 피날레이다.

우리도 성령의 은혜를 회복하기만 하면, sunshine 인생을 살아갈 수 있다. 'Weak to Win', 약함에서 강함으로 변하는 놀라운 반전을 이룰 수 있다. 하나님께서 오늘 우리에게 삼손을 통해 주시려는 메시지는 이런 '희망'이다.

하나님은 실패를 성공의 기회로 바꿔 주신다

디자인경제학자 장기민 대표의 책, 『홍대 앞은 왜 홍대를 다니지 않는 사람들로 가득할까』를 매우 인상적으로 읽었다. 그는 '실수경제학' 파트에서 이런 재미있는 실화들을 소개한다.

우리나라 외식업계의 대부가 된 백종원 대표가 업계에 처음 발을 들여놓던 시절의 이야기이다. 그는 삼겹살 메뉴 개발을 위해 정육점에서 사용하는 슬라이서(고기 써는 기계)를 식당에 두기로 결정하고 중고매장에서 저렴한 슬라이서를 샀다. 개업 초기에 자본금이 부족하다 보니, 식재료 원가 절감과 신선함을 동시에 제공하기 위한 것이었다. 그런데 사 와서 보니, 고기가 아닌 햄을 써는 슬라이서였다. 고기를 썰어 보니, 고기가 얇게 감겨 나오는 게 아닌가. 당황한 백종원은 동그랗게 말린 고기를 일일이 펴서 손님상에 올렸다. 하지만 밀려드는 손님들 때문에 손이 바빠지자 그냥 동그랗게 말린 상태로 내올 수밖에 없었다. 이런 실수와 시행착오에서 대패삼겹살이 탄생했다.

한두 번 실패했다고 낙심하지 말라. 미리 결론 내리지 말라. 나에게는 실수와 실패, 문제가 있지만, 하나님께는 해답이 있다. 우리 인생에서 실수와 실패는 삶의 과정 중 일부일 뿐이다. 문제는 내가 나의 실수나 실패를 어떻게 받아들이느냐 하는 것이다.

목회를 하면서 교우들을 통해 참 많은 교훈을 얻는다. 많은 교우가 정말 다양한 시행착오를 겪고 실패의 경험이 있는 것을 보게 된다. 지금은 안정적으로 사업을 이끌고 있는 분들도 힘들고 어두운 좌절의 터널을 통과해 온 분들이 대부분이다.

우리나라의 성공한 부자 100명에게 "실패해 본 적 있습니까?"라고 물었다. 100명 중 81명이 실패의 경험이 있다고 대답했다. 그리고 그중 17명은 전 재산을 잃을 정도의 큰 실패를 겪었다고 말했다.

한때 전 세계적으로 베스트셀러였던 『부자 아빠 가난한 아빠』의 저자 로버트 기요사키(Robert Toru Kiyosaki)는 이렇게 말한다.

"실패는 성공으로 가는 과정의 일부다."

맞다. 실패는 절망의 낭떠러지가 아니라, 성공으로 올라가는 골짜기이다. '골이 깊으면 산이 높다'는 말처럼 큰 성공을 이룬 사람들은 다른 사람들보다 더 깊은 실패의 골짜기를 통과한 경험을 가지고 있다. 그래서 나는 자주 이렇게 외친다.

"Failure is not final. Failure is not fatal. Failure is not foe, but friend."

실패는 마지막이 아니다. 실패는 운명도 아니다. 실패는 적이 아니라, 우리의 친구이다. 그러므로 나의 인생, 나의 사업, 나의 미래는 얼마든지 희망으로 반전될 수 있다. 오늘도 성령님은 우리에게 새 기운과 새 힘을 주셔서 그 어떤 낭패와 좌절도 이기게 하신다.

실패자 모세는 시내산 기슭에서 불길 같은 성령체험을 하여 대기만성 할 수 있었다. 엘리야 선지자도 바로 그 호렙산 동굴에서 새 힘을 주시는 성령으로 인해 기운을 되찾았다. 나도 1986년에 캐나다 유학을 실패하고 돌아와 수원 성산기도원에 올라가서 기도하던 중 성령의 능력을 체험하여 오늘까지 힘차게 목회하고 있다.

요즘 어떤 일로 낙심과 좌절, 실망과 절망의 벽 앞에 서 있는가? 자녀 문제로 암담한가? 두 눈이 뽑히고, 두 발, 두 손이 쇠사슬에 묶였던 삼손처럼 사면초가에 놓여 있는가? 성령님의 놀라운 반전(Great Reversal)을 기대하기를 바란다. 스가랴서 4장 6-7절 말씀을 기억하라. 우리의 노력이나 힘, 인맥으로는 전혀 풀리지 않는 여러 문제들이, 성령님이 역사하시면 한순간에 풀린다. 신비롭게 해결된다. 답답하게 앞길을 가로막고 있는 험난한 바위산 같은 존재가 마치 평지처럼 변하게 될 것이다. 오직 성령의 은혜이다. 성령의 역사이다.

　인생의 처참한 실패자 삼손을 다시 일으켜 주신 성령님이 우리도 희망미래로 이끌어 주실 것을 믿기를 바란다. 그 믿음으로 담대하게 살아가기를 바란다.

고난은 악이 아니라 약이다

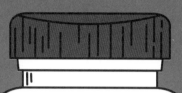

Q. 인생에 악재가
다가올 때

고난이
가져오는
최선의 결과

시편 119:1-3, 71

Q. 인생에 악재가 다가올 때

고난이 가져오는
최선의 결과

시편 119:1-3, 71 | 메시지성경

●

¹⁻³정도를 벗어나지 않고 하나님이 알려 주신 길을 한결같이 걷는 사람은 복이 있다. 하나님의 지시를 따르고 최선을 다해 그분을 찾는 사람은 복이 있다. 그렇다. 이런 사람은 곁길로 새지 않고 주께서 내신 길을 똑바로 걸어간다. ⁷¹나의 고난이 변하여 최선의 결과를 냈으니 내가 주님의 고난 교과서로 배우게 되었기 때문입니다.

●

여러 선교지를 방문하여 집회를 인도하다 보면 은혜와 감동을 받는다. 내가 아는 한 선교사님은 미국에서 IT분야 일을 하다가 정년퇴직 후 북한농업 선교에 헌신하고 있다. 일평생 농사를 지어 본 경험이 없는 분인데도 놀라운 성과를 올리고 있었다. 믿음의 사랑을 통해 하나님이 얼마나 놀랍게 사용하시는지 북한 동포들이 생명력 있게 살아나고 있는 모습이 매우 인상적이었다.

우리 교회가 후원하고 있는 중국 조선족 형제는 부인이 러시아 출신인 고

려인으로, 혼자서 중국에 있는 수백 명의 러시아인들에게 하나님을 전하고 있다. 한 사람을 통해서도 역사의 지평을 넓혀 가시는 하나님의 일하심이다. 또 러시아의 하바롭스크에서 사역하고 있는 남일우 선교사님과 블라디보스토크의 정득수 선교사님은 러시아 여러 지역에 교회를 세워 가면서, 북한 근로자들을 적극적으로 돕고 있다. 러시아 선교뿐만 아니라 북녘 동포들을 품는 사역으로 통일을 준비하고 있는 것이다.

그동안 많은 집회를 인도하였는데, 그중에서도 중국 북경에서 열린 코스타가 기억에 많이 남는다. 나는 구 소련 시절부터 공산권 선교를 해 왔기에 공산당의 체질을 어느 정도 안다. 공산주의는 사람을 3무로 만들어 버렸다. '무관심, 무책임, 무능력'이다. 소련이 망하게 된 것은, 공산주의가 사람을 무능력한 바보로 만들었기 때문이다. 이런 공산주의의 맹점을 모르고 사회주의 노선을 표방하는 사람들을 보면 안타까울 뿐이다.

특히 중국 공산당은 그 속을 헤아리기가 참으로 어렵다. 북경의 ○○ 한인교회의 이야기를 잠시 하겠다. ○○○ 목사님은 여러 악조건 속에서도 사도행전적 부흥을 일으켰다. 교회는 계속 힘차게 부흥하는데 계속 호텔 세미나실에서 예배를 드리다 보니, 비싼 임대료뿐만 아니라 공간이 좁은 게 문제가 되었다. 그래서 중국 정부로부터 교회 건축 허가를 받고 예배당을 건축했다. 비전센터를 멋지게 세웠다. 그러나 중국 정부는 주일예배 모임을 허락해 주지 않았고, 그로 인해 교회는 호텔 임대료에 예배당 운영비까지 오히려 부담이 더해지고 말았다.

중국 공안 당국에 여러 차례 새 예배당에서 주일예배를 드릴 수 있게 해

달라고 요청했는데, 그들의 대답은 아연실색할 만한 것이었다. "우리는 종교시설 건축을 허락했다. 그러나 종교집회를 허락한 바는 없다."

이런 어처구니없는 중국 공산당의 압제로, 교회는 그 좋은 예배당을 정부에 넘겨주고 작은 규모로 다시 건물을 짓기 시작했다. 건축 예산은 약 10억. 중국의 경제 변화로 교인이 1/3 정도로 줄어든 상태에서 또다시 거액의 건축비를 마련하려니 교인들의 마음도 위축되었다. 이 같은 상황에서 모든 공사를 직영하기로 결정했다. 온 교인을 동원하여 벽돌을 나르고, 망치질을 하고, 시멘트를 발랐다. 교인들 상당수가 주재원들, 사업가들로서 BMW나 벤츠 승용차를 타고 와서 막노동을 하였다. 그랬더니 몇 가지 놀라운 성과를 얻게 되었다. 첫째, 교인들의 마음이 더욱 하나가 되었고, 성전 건축에 대한 자긍심과 감격이 커졌다. 둘째, 건축비를 10억에서 3억으로 절감하는 엄청난 효과를 창출했다. 셋째, 교회 건축 현장 앞을 지나다니는 수많은 중국 사람이 큰 감동을 받았다.

BMW나 벤츠 승용차를 타고 다니는 사람들이 공사장에서 못을 빼고, 시멘트를 나르는 등 힘든 노동을 하는 모습이 아이러니하여 비춰져 그들이 누구인지 알아보게 되었고, 그들이 그리스도인임을 알게 된 것이다. 전혀 예상하지 못한 놀라운 선교 효과를 낳은 것이다.

하나님은 인생의 어떤 악재도 호재로 바꾸어 주실 수 있는 분이다. 하나님은 우리가 잃은 것보다 훨씬 더 크고 좋은 것으로 얻게 하신다. 이것이 하나님 은혜의 패러독스이다.

중국 ○○시에서 수만 명이 모이는 교회의 목사님이 엄청난 시련을 겪은 이야기를 들었다. 우리나라의 사드 설치 문제로 중국과 관계가 악화되는 틈을 타서 한족 목회자가 담임 목사 자리를 빼앗으려고 음해 공작을 펼쳤다. 중국 공안 당국은 자그마치 7개월 동안 은밀하게 담임 목사님의 뒷조사를 했다. 그런데 뒷조사를 하던 공안 요원들이 큰 감동을 받았다. 목사님의 삶이 너무나 투명했기 때문이다. 뒷조사를 하다가 목사님을 존경하게 된 것이다. 어두운 터널과도 같은 연단의 과정을 거치면서 그 교회와 목사님의 위상은 더욱 높아졌다. 악재가 호재가 된 것이다. 악이 변하여 선으로 바뀌었다.

오늘도 하나님은 로마서 8장 38절 말씀대로 모든 것이 합력하여 선을 이루도록 역사해 주신다. 고난이 복이 되게 하신다.

시편 119편 71절은 이 같은 내용을 참으로 매력적으로 전한다.

> 나의 고난이 변하여 최선의 결과를 냈습니다. (메시지성경)
>
> (My troubles turned out all for the best.)

얼마나 멋진 간증인가? 오늘 우리에게도 이런 놀라운 반전, 승리의 영광이 있기를 축원한다.

연단을 통해 다듬어진다

영국의 모든 개신교를 대표하는 인도선교사 에이미 카마이클(Amy

Carmichael)은 고난의 과정을 통해 최선의 결과가 이루어지는 것을 설명하며 다음 이야기를 들려준다.

그녀가 인도의 대장장이에게 물었다.

"당신이 금을 연단할 때, 이것이 순금이 되었다는 것을 어떻게 압니까?"

"금 속에서 내 얼굴을 볼 수 있을 때까지 연단합니다. 불순물이 섞여 있는지 알아보는 방법은 금에 얼굴을 비춰 보는 것입니다. 그 속에 비치는 내 얼굴이 얼마나 정확하게 보이느냐로 결정합니다."

아무런 찌꺼기가 보이지 않는 것이 순금이라는 이야기이다.

다이아몬드의 기본은 '3C', 곧 Carat, Clarity, Cutting[크기, 투명성, 절단(다각면)]이다. 다이아몬드의 생명은 광택인데, 광택을 최대한 이끌어 내는 것이 바로 커팅(절단)이다. 고급 다이아몬드일수록 많이 깎인 상태로 투명한 빛을 발한다. 사람도 마찬가지이다. 인격의 연단과 신앙의 시련을 잘 통과한 사람일수록 환하게 빛난다. 영혼의 어두운 밤을 잘 통과한 사람일수록 성품이 순금처럼 맑다. 하나님은 고난이라는 연단을 통하여 우리 안의 찌꺼기를 없애 주시기 때문이다.

이것이 곧 십자가 고난의 은총이다. 십자가가 크고 무거운 만큼 영광도 크다. 그러므로 자신의 십자가가 다른 사람들의 것보다 크다고 억울해하지 말기를 바란다. 하나님은 그 십자가를 축복의 지평으로 건너가는 큰 다리가 되게 해 주신다.

어느 날 예수님께서 열두 제자들을 데리고 여행을 하시는데 베드로에게 가장 크고 무거운 돌멩이가 주어졌다. 다른 제자들보다 훨씬 더 힘들게 끙

끙거리며 산꼭대기까지 운반해야 했다. 비지땀을 흘리며 산 정상에 올랐더니, 돌의 크기와 무게만큼 음식으로 바꾸어 주었다. 그래서 베드로만 배불리 먹었다고 한다.

하나님은 인생의 고난이라는 십자가의 크기만큼 큰 선물을 주신다. 성 어거스틴(St. Augustine)은 "모든 커다란 축복은 커다란 고난 후에 온다"라고 말했다. 고난을 계기로 겸손하게 엎드리고, 하나님을 더욱 붙잡게 된다면 그것은 복이다.

이 같은 맥락에서 본문 말씀을 두 가지로 정리해 본다.

하나님은 악재를 호재로 바꾸어 주신다

하나님은 악을 선으로 바꾸어 주시는 분이다. 북경 한인교회가 만난 악재가 오히려 교회 연합의 호재가 되고 선교적 축복이 된 것처럼 하나님은 마이너스를 플러스로 반전시켜 주신다.

살다 보면, 우리의 계획대로 일이 진행되지 않을 때가 있다. 준비한 일들이 실패하는 경우도 있다. 좋은 자리나 위치로 올라가기보다는 더 아래로 내려갈 수 있다. 사업의 규모가 점점 작아질 수도 있다. 그런데 나는 지난 평창 동계올림픽 중계방송에서 아주 뜻깊은 교훈을 얻었다. 스키점프 경기 중 해설위원이 스키점프에서는 '내려가는 것도 도약이다'라고 말하는 대목에서이다. 즉, 더 멀리 날아갈 수 있는 것은 아래로 내려가는 도약을 통해서라는 이야기이다. 이것이 스키점프의 역설이다.

인생에서 올라가는 것만이 성공이 아니다. 때로 하나님께서 매정하게 우리를 내리막길로 가게 하실 수도 있다. 그때 너무 낙심하거나 괴로워하지 말기를 바란다. 그 내리막길이 결국은 나를 훨훨 날게 하는 하나님의 은혜의 방편이 될 줄 믿는다. 스키점프 선수처럼 과감하게 아래로 내려가야 새처럼 멀리 날아갈 수 있다.

요즘 내 인생이 왜 내리막길인가 궁금해하는 분들에게 성경은 하나님의 깊은 생각과 계획을 전해 준다.

> 너희를 향한 나의 생각은 재앙이 아니고 평안이며, 너희에게 소망 있는 미래를 주려는 것이다. 여호와의 말이다. (렘 29:11, 바른성경)

북한성경은 이 말씀을 다음과 같이 풀어서 설명한다.

> 너희에게 어떻게 하여주는 것이 좋을지 나는 이미 뜻을 세웠다. 나는 너희에게 나쁘게 하여주지 않고, 잘하여주려고 뜻을 세웠다. 밝은 앞날이 너희를 기다리고 있다.

사업이 잘 안 되고 있는가? 몸이 아픈가? 준비한 일이 제대로 진행되지 않고 있는가? 하나님께서 더 날아오를 수 있는 인생으로 나를 이끌고 계시며, 하나님의 더 놀라운 계획이 이루어지고 있음을 믿기를 바란다. 하나님은 반드시 우리를 밝은 미래로 인도하실 것이다.

하나님은 고난을 최선으로 바꾸어 주신다

하나님은 고난을 복으로 바꾸어 주시는 분이다. 아픈 만큼 성숙하게 하신다. 그래서 고 옥한흠 목사님은 고난을 '변장된 축복'이라고 명명하신다. 고난은 문제가 아니라, 기회이며 축복으로 가는 관문임을 피력하신다. 이것이 본문 71절 말씀이다.

나의 고난이 변하여 최선의 결과를 냈으니, 내가 주님의 고난 교과서로 배우게 되었기 때문입니다. (메시지성경)

시편 119편은 아주 멋진 acrostic 시(각 행의 첫 글자를 아래로 연결하면 특정한 어구가 되게 쓴 시)로, 히브리어 알파벳 순서로 구성되어 있다. 히브리어 자음 알파벳 22개를 8절씩 단락을 이루어 진행한다. 그래서 총 176절인데, 시적으로 다양한 표현을 담고 있지만 일관성 있게 신앙생활의 ABC를 가르쳐 준다. 한마디로 신앙의 올바른 길을 따라 살아가는 자가 복되다는 선언이다. 시편의 총론이라고 할 수 있는 시편 1편 1절 말씀을 구체적으로 풀어 주는 말씀이라고 볼 수 있다.

그래서 시편 119편은 1절과 2절에서 하나님과 동행하는 자가 복된 사람이라고 시작부터 선언한다. 사실 히브리어 원문에서는 "복되도다"(Blessed)를 구절의 가장 앞에 두어 강조한다. 북한성경이 오히려 원문을 그대로 번역하고 있다.

복되어라. 그 행실 깨끗하고 여호와의 법을 따라 사는 사람. 복되어라. 맺은 언약 지키고 마음을 쏟아 그를 찾는 사람. 나쁜 일 하지 않고 그의 길만 따라 가는 사람.

그야말로 진정한 신앙인의 복된 승리를 보증하는 말씀이다.

시편을 자세히 관찰해 보면, '복되다'는 단어를 때때로 '형통하다'는 단어로 대체한다. '형통'은 히브리어로 '성공'을 뜻한다. 즉, 어떤 극한 상황에서도 여호와의 법을 따라 살면 기필코 성공하고 승리한다는 적극적인 표현이다. 이것이 시편 119편 1절부터 3절까지 말씀이다.

정도를 벗어나지 않고 하나님이 알려 주신 길을 한결같이 걷는 사람은 복이 있다. 하나님의 지시를 따르고 최선을 다해 그분을 찾는 사람은 복이 있다. 그렇다. 이런 사람은 곁길로 새지 않고, 주께서 내신 길을 똑바로 걸어간다. 하나님, 주께서는 바른 삶의 길을 정하시고 우리가 그 길을 따라 살기를 원하십니다. (메시지성경)

어떤 혼돈과 고난의 소용돌이에서도 하나님께서 알려 주신 정도를 따라 살아가는 것만이 안전한 길임을 천명한다. 시편의 일관된 신학이 이것이다. 본문에서 강조하듯이 정도를 벗어나지 않고 하나님이 알려 주신 길을 한결같이 걷는 사람이 복되다. 앞에서 언급했던 중국의 ○○교회 목사님처럼 공산당원들이 아무리 뒷조사를 해도 흠잡을 데 없고, 깨끗하게 사는 사람이 복되다.

따라서 바르고 올곧은 신앙 때문에 손해를 보고, 때로 고난을 당하더라도 하나님은 그 사람에게 반드시 복을 주신다는 것을 기억하기를 바란다. 하나님은 그가 처한 상황들을 최선으로 바꾸어 주신다. 잠시 내려가는 듯하지만, 하나님은 더 높이 올려 주신다.

다시 한 번 71절 말씀을 보자.

나의 고난이 변하여 최선의 결과를 냈습니다.

(My troubles turned out all for the best.)

하나님은 오늘도 그리스도인들의 선한 삶을 축복하신다. 악재를 호재로 바꾸어 주신다. 고난이 변하여 최선, 최상의 복이 되게 하여 주신다. 할렐루야!

고난은
악이 아니라 약이다

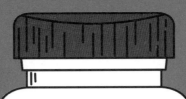

Q. 시련을
이겨나가고 싶을 때

사건 뒤의
보상

베드로전서 4:12-13

Q. 시련을 이겨나가고 싶을 때

사건 뒤의 보상

베드로전서 4:12-13 | 우리말성경

●

¹²사랑하는 사람들이여, 여러분을 시험하려고 오는 불 같은 시험이 있더라도 무슨 이상한 일이 여러분에게 일어난 것처럼 여기지 말고 ¹³오히려 여러분이 그리스도의 고난에 참여하게 된 것을 기뻐하십시오. 이는 그분의 영광이 나타날 때 여러분이 크게 기뻐하고 즐거워하게 하려는 것입니다.

●

사자성어 중에 '우후지실'(雨後地實)이란 말이 있다. '비온 뒤에 땅이 굳어진다'로, 어려움을 겪고 나면 내면이 잘 다져지고 성숙해진다는 의미이다. 이와 비슷한 맥락으로, 성경은 고난 뒤에 찾아오는 더 나은 반전의 축복을 강조한다. 뜻밖의 전염병으로 전 세계가 큰 어려움을 당하고 있지만, 전화위복의 은혜가 뒤따를 줄 믿는다. 교회적으로도 마찬가지이다. 전염병 확산 방지를 위해 주일예배를 교회가 아닌 가정에서 드리게 되었지만, '가족 중심으로 드리는 예배'는 생각하지 못한 축복이다.

살다 보면, 어려운 문제 앞에 서게 될 때가 있다. 그런데 가만히 따져 보면 그 일 때문에 손해만 보는 것은 아니다. 오히려 그 사건이나 고난 덕분에 얻는 것도 있다. 그래서 나는 '때문에'라는 수동적인 자세보다는 '덕분에'라는 능동적인 태도를 지향한다.

우리는 때때로 힘든 현실을 '누구 때문에'라며 부정적으로 해석한다. 그러나 우리의 해석은 달라져야 한다. '누구 때문에'가 아닌 '누구 덕분에'라고 생각하고 말하는 '긍정의 철학'을 가지고 살아야 한다. 부정적인 사람일수록 '때문에'를 찾으며 구차하게 핑계를 일삼는다. 반면에 긍정적인 사람일수록 '덕분에'라는 신앙적 역설로 운명을 바꾼다.

사기를 당한 덕분에 이제는 쉽게 속지 않는 지혜를 터득했다. 실패의 경험 덕분에 성공의 길로 들어설 수 있었다. 일이 뜻대로 되지 않은 덕분에 하나님께 엎드려 기도하는 자로 살게 되었다. 자랑할 것이 없는 덕분에 겸손해졌다. 학력이나 경력이 부족한 덕분에 더욱 최선을 다하게 되었다. 몸이 약한 덕분에 건강관리를 잘하고 있다. 모든 것이 '덕분에'이다.

이랜드 회사의 창업자 박성수 회장은 대학 시절 원인을 알 수 없이 찾아온 무력증으로 2년 동안 병원에서 보냈다. 그는 병상에 누워 약 3천 권 정도의 책을 읽었다. 아픔의 시간에 독서를 통해 지식을 축적했고, 이를 통해 사업의 방향을 정하고 비전을 구상하여 오늘의 대기업을 이룬 것이다.

한국교회의 영적 거장이셨던 고 옥한흠 목사님은 고통의 사람이었기에 고난에 관한 책을 많이 쓰셨다. 옥 목사님은 군복무를 마치고 늦깎이로 대학에 진학하셨는데, 당시 2학년이었던 25살에 폐결핵 진단을 받아 2년 동안 투병생활을 하셨다. 그는 이런 고난의 삶을 배경으로 신앙적 지론을 선언하셨다. "고난은 변장된 축복이다." '고난'이 우리에게 뜻밖의 '보상'을 가져다줄 수 있다는 역설이다.

꽃은 아침에 피어나기 위하여 밤에 준비한다. 적막한 밤이 없다면 꽃은 피지 못할 것이다. 이는 인생에서도 마찬가지이다. 주변을 보면, 신앙이 좋은 분들일수록 영혼의 어두운 밤을 통과한 분들임을 알게 된다.

고난 뒤에는 하나님의 복된 섭리가 있다

금세기 최고의 의사이자 상담자인 폴 투르니에(Paul Tournier)는 고통의 창조성을 이렇게 강조한다.

"고통이나 약함 자체는 우리에게 저주도 축복도 아닌 중립적인 것이다. 다만 이에 어떻게 반응하는가에 따라 우리의 삶은 창조적으로, 혹은 파괴적으로 나아간다."

그래서 실패하는 사람은 구차한 '구실'을 찾아내지만, 성공하는 사람은 항상 '방법'을 추구한다. 성공하는 사람은 위기가 기회가 되게 한다. 장애가 자산이 되게 한다. 약점을 강점으로 전환시킨다. 최악의 상황을 최선의 기회로 역이용한다. 창조적으로 생각하고, 창의적으로 대처한다.

우리는 얼마든지 걸림돌을 디딤돌로 바꾸며 살 수 있다. 악재를 호재로 전환시킬 수 있다. 내가 좋아하는 지론이 있다. '더 나은 대답을 가지고 있는 사람이 더 나은 사람'이라는 것이다.

이것이 하나님께서 사용하시는 약점과 고난의 창조적 축복이다. 인간의 약함이야말로 하나님의 능력의 도구가 된다. 인간의 문제야말로 하나님께는 좋은 방편이 된다.

성경에는 '시험', '시련', '연단'이라는 단어가 200번 이상 나온다. 어려운 일을 당할 수 있다는 것이다. 그렇다면 우리의 삶에서 왜 고난과 풍랑이 일어나는 것일까? 그 이유를 다음과 같이 간단하게 정리해 볼 수 있다.

첫째, 우리가 하나님께 불순종하여 고난을 당한다. 이 세상 재난의 근본적인 요인은 죄 때문이다. 둘째, 다른 사람이 하나님께 불순종하여 고난을 당한다. 성경과 역사를 보면 한 사람의 잘못 때문에 여러 사람이 고생을 하는 사례가 즐비하다. 가정도 그렇고, 국가도 마찬가지이다. 따라서 나의 잘못 때문에 여러 사람 고생시키는 불행이 없기를 바란다. 셋째, 하나님께 순종하므로 고난을 당한다. 성경에는 예수님의 제자들이 주님의 말씀에 순종하여 갈릴리 호수를 건너다가 큰 풍랑을 만나는 장면이 몇 번 반복된다. 성경은 그리스도인들이 당하는 대부분의 고난은 인과응보의 결과가 아닌, 섭리적 고난임을 명시한다.

우리가 제대로 살지 않아서 고난을 당하기도 하지만, 어떤 경우에는 믿음으로 살려고 해서 여러 가지 어려움과 시련을 피할 수 없기도 하다. 그래서 우리는 고난을 두 가지로 해석할 수 있다. 첫째, 고난은 우리를 바로 잡아 주려는(correcting) 것일 수 있다. 둘째, 고난은 우리의 믿음을 키워 주려는(perfecting) 것일 수 있다.

고난 뒤의 보상을 바라볼 수 있어야 한다

본문의 핵심주제가 바로 이것이다. 살아가는 과정에서 '불같은 시험'이 오더라도 이상한 일이 일어난 것처럼 여기지 말라고 성경은 말한다. 여기에서 '이상히 여기지 말라'로 해석된 헬라어 '크세니제인'은 '충격을 받거나 당황하지 말라'는 뜻이다. 즉, 뜻밖의 상황에 흔들리거나 동요하지 말라는 것이다. 사업을 하다가 어려움에 처할 수 있다. 직장생활을 하다가 갑자기 해고를 당하거나 억울한 일을 당할 수 있다. 건강검진 후에 안 좋은 결과를 들을 수 있다. 그런 때, 당황하지 말라는 것이다. 흔들리지 말라는 것이다. 그리스도인에게 고난은 결코 이상한 일이 아니기 때문이다. 오히려 정상적인 것이다.

요즘 한국교회가 사회로부터 온갖 지탄과 공격을 받고 있다. 그동안의 잘못으로 비난을 당하는 것도 맞다. 그러나 때로 세상은 아무 이유 없이 하나님의 나라를 거부하고 공격한다. 우리는 그것을 이상하게 여길 필요가 없다. 아니, 이상하게 여기지 않는 것을 넘어 더욱더 적극적인 자세로 그것에 반응하라고 본문은 말한다.

오히려 여러분이 그리스도의 고난에 참여하게 된 것을 기뻐하십시오.
(13절, 우리말성경)

우리가 잘못을 하지 않았는데도 그리스도인이라는 이유만으로 손해를 본다면, 그리고 '교회'라는 특수성 때문에 어려움을 당한다면, 그것은 오히려 예수님의 고난에 동참하는 것이다.

12절에 나오는 '불 같은 시험'(fiery trial)이라는 표현에 겁먹지 말기를 바란다. 불 같은 시험이란 힘들고 고통스런 시험을 말하기보다는, 우리의 신앙과 성품을 연단하는 테스트이다. 즉, 고난의 심각성이 아니라 고난의 제련성에 중점을 두는 표현이다. 결국 나를 더 잘되게 하는 시련인 것이니, 만나면 기쁘게 반응하라는 것이다. 이처럼 베드로는 'trial to triumph', 곧 시련 다음의 승리, 사건 뒤의 보상을 바라보라고 이야기한다.

나의 일화를 하나 이야기하겠다. 1977년에 나는 공수특전사에서 척추 골절상을 입어 수술을 받고 상이군인으로 의병전역을 하게 되었다. 내가 제대하기 2주 전에 어머니께서 심장마비로 돌아가셨기에 아버지의 충격은 이만저만이 아니었다. 젊은 놈이 고향 집에 가만히 누워만 있을 수 없었다. 허리보조기를 차고 1년 정도 천천히 회복하는 시간을 가져야 했음에도, 무리하게 복학을 결정했다.

내 손으로 가방 하나 들고 다닐 수 없어서, 친구들이 강의실마다 가방을 옮겨 주었다. 허리 통증을 이기기 위해 강의에 집중했다. 그리고 쉬는 시간에는 체면 불구하고 교탁에 누워서 방금 전에 들은 강의를 머리로 요약하며 정리했다. 그런 날들이 반복되다 보니 어떤 내용이든지 간략하게 정리하고 기억하는 능력을 쌓게 되었다. 시험 때에도 별다른 공부가 필요하지 않았다. 결국 성적우수 장학금을 받았고, 신학대학원도 일등으로 합격하였다. 나의 정리와 이해 실력은 고난이라는 사건이 가져다준 보상이다.

금세기 저명한 상담심리학자요 영성작가인 래리 크랩(L. Crabb)이 올해 초 또 한 권의 역작을 출간했다. 제목이 『하나님을 신뢰한다는 것』이다. 그는 지난 50년 동안 상담사역을 해 왔고, 60대에 암에 걸려 투병 중이다. 그는 아주 진솔하게 이야기한다. 왜 착한 사람들에게 고난이 따르는지 명쾌하게 설명되지 않지만, 한 가지 중요한 사실을 분명하게 선언한다.

"하나님은 고난이라는 방법으로 우리가 예수님을 닮도록 제자훈련 시키신다."

이런 견고한 신앙으로 암과 싸우면서 "우리가 이해할 수 없을 때, 하나님께 더욱 전율하고 신뢰하라"고 당부한다.

그렇다. 우리의 이성으로는 이해가 안 되더라도 하나님을 신뢰하며 살아가야 한다. 우리가 당면하는 여러 가지 사건 다음에는 반드시 보상이 따라온다. 이것이 베드로 사도가 심어 주는 영광의 신학이다. 베드로는 모든 메시지를 통해 사건 뒤의 보상을 바라보게 한다. 그래서 어떤 고난 중에도 기쁨의 영성으로 살아가자고 격려하며 용기를 북돋아 준다.

자녀들 중에 약한 아이가 있는가? 어떤 문제나 불리함을 갖고 있는가? 파스칼(Blaise Pascal)은 어린 시절 결핵성 복막염을 앓아 늘 허약했고, 그 덕분에 자주 누워 지냈다. 그리고 침상에서 깊이 사유하다 보니 『팡세』라는 불후의 명작을 낼 수 있었다. 현대과학의 시조가 된 뉴턴(Isaac Newton)도 어려서부터 몸이 약하여 제대로 공부를 하지 못했다. 그는 틈만 나면 요양차 시골 외갓집에 내려가서 지냈고, 그러던 어느 날 사과나무에서 사과가 떨어지는 것을 보고 깊이 연구하여 만유인력의 법칙을 알아냈다. 루이 파스퇴르(Louis Pasteur)는 소아마비로 장애인이 되었기에 수많은 사람의 건강을 지켜 주는 예방의학의 선구자가 되었다. 월트 디즈니(Walt Disney)는 가난한 시골 출신이기에 어린아이들에게 꿈을 심어 주려고 디즈니랜드를 만들었다.

베드로전서 4장 말씀은 고난 중에 있는 자들에게 전하는 놀라운 치유 메시지, 희망의 복음이다. "그리스도인들이 당면하는 불 같은 시험 사건 다음에는 반드시 영광의 보상이 따라옵니다."

성경은 십자가의 고난과 함께 영광을 확신시켜 준다. 'Cross to Crown' 이다. 오늘도 예수님은 십자가 고난을 통해 우리에게 놀라운 은혜를 더해 주신다.

애니 존슨 플린트(Annie Johnson Flint)가 쓴 감동적인 시 한 편을 소개하려고 한다. 이 시의 내용이 우리의 기도와 체험이 되기를 소망한다.

더 큰 은혜를 주시는 주님(He giveth more grace)

우리의 짐이 무거워질수록 더 큰 은혜를 주시는 주님,

일에 시달릴수록 더 강한 힘을 주시는 주님,

고통이 더해 갈수록 주님의 자비가 더해 가도다.

시험이 많아질수록 평강을 더해 주시는 주님,

인내의 한계가 고갈되어 갈수록,

하루의 반도 지나기 전에 우리의 힘이 쇠진할 때에,

우리 아버지는 넘치는 은혜를 주시기 시작하는도다!

그분의 사랑은 한이 없으시며, 그분의 은혜는 헤아릴 수 없으며,

그분의 능력은 다함이 있을 수 없나니,

예수 안에서 넘치도록 풍성하신 은혜를 주님은 주시는도다, 주시는도다,

계속하여 주시는도다!

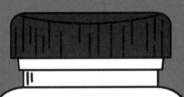

Q. 기도해도
응답이 없어 실망할 때

당신 앞에는
긍휼의 보좌가
있습니다

히브리서 4:16

Q. 기도해도 응답이 없어 실망할 때

당신 앞에는
긍휼의 보좌가 있습니다

히브리서 4:16 | 개역개정

●

16그러므로 우리는 긍휼하심을 받고 때를 따라 돕는 은혜를 얻기 위하여 은혜의 보좌 앞에 담대히 나아갈 것이니라

●

뉴욕에 갈 때 어느 공항으로 도착하는지를 잘 알아야 한다. 뉴욕에는 국제공항이 두 개 있다. J.F.Kennedy(JFK)공항과 LaGuardia공항이다. JFK공항은 대통령을 기념하여 만든 것이고, LaGuardia공항은 'LaGuardia'라는 뉴욕 시장을 기념하여 명명한 공항이다.

라 과디아는 이탈리아 이민자 출신으로 뉴욕에서 명망 있는 판사였다. 한번은 한 노인을 재판하게 되었다. 가난한 노인은 너무나 배가 고픈 나머지 다른 사람의 지갑에서 20달러를 훔쳤고, 그 죄로 법정에 서게 된 것이었다. 라 과디아는 판결을 내리기 전에 마지막으로 노인에게 물었다.

"하실 말씀이 있습니까?"

노인은 라 과디아를 향해 간곡하게 호소했다.

"판사님, 저에게 한 번만 긍휼을 베풀어 주십시오."

잠시 동안 노인을 조용히 바라보던 판사는 이렇게 대답을 했다.

"맞습니다. 당신에게는 정말 긍휼이 필요해 보입니다. 그러나 훔친 돈 20달러에 대해서는 책임을 지셔야 합니다. 마침 제 주머니에 10달러가 있으니 제가 대신 변상하겠습니다. 이 사회가 노인을 춥고 배고프도록 버려둔 데에는 저의 책임도 상당히 크기 때문입니다. 10달러가 더 필요한데 여기 법정에 계신 분들에게도 춥고 배고픈 노인을 방관한 책임이 있습니다. 함께 긍휼을 베풀어 주시면 어떨까요?"

그날 그 자리에 모인 사람들은 라 과디아의 명 판결에 감동하여 사랑의 기부금으로 그 노인을 석방시켜 주었다. 그 후 뉴욕 시민들은 그를 '긍휼의 판사'라고 호칭하였고, 그는 나중에 존경받는 뉴욕 시장이 되었다. 2001년, 미국에 911테러 사건이 일어나서 아수라장이 되었을 때 당시 뉴욕 시장이 제일 먼저 읽은 책이 『LaGuardia의 리더십』이었다.

우리나라에도 훌륭한 크리스천 법관이 있다. 바로 천종호 판사님이다. 그의 일화들은 매우 감동적이다. 가출한 어린 소녀가 절도를 하다가 잡혀 임신한 상태로 재판을 받게 된 적이 있다. 소녀는 성폭행을 당한 것이라고 거짓말하며 낙태를 요청했지만, 사실을 안 천 판사님은 출산을 권유하며, 미리 준비한 배냇저고리를 선물했다. 긍휼로 상한 마음을 어루만져 준 것이다.

법을 집행하는 재판관인 그의 철학이 훌륭하다.

"아이들에게 급한 것은 처벌이 아닙니다. 상처 입은 마음을 치유해 주고, 부모와 훼손된 관계를 회복해 주는 것이 더 중요합니다. 법정은 처벌을 내리는 곳이기보다는 상처와 눈물을 닦아주는 화해의 장소, 용서의 공간, 미래 희망을 일궈 내는 보루가 되었으면 좋겠습니다."

이처럼 그는 엄벌 대신 관용을 기본으로 법정에 선다. 그의 경험에 따르면 엄벌주의는 10명 중 7명을 다시 범죄 세계로 끌어들이지만, 관용과 사랑은 7명 중 4명을 회복의 길로 이끈다고 한다.

율법보다 긍휼과 사랑이 먼저이다

이것이 성경에서 보여 주는 긍휼의 보좌 원리이다. 구약시대 성전의 구조는 성소와 지성소로 구분되어 있다. 하나님은 우리에게 한량없는 긍휼을 베풀어 주시려고 성전의 보루인 지성소 안에 특별한 자리를 만들어 놓으셨다. 그곳에서 하나님은 긍휼과 은혜를 베풀어 주신다.

지성소에는 신앙생활의 기본지침인 법궤(언약궤, 증거궤)가 있는데, 그 법궤를 덮고 있는 윗부분을 속죄소, 시은소, 은혜의 보좌라고 부른다. 이를 통해 알 수 있듯이 지성소는 인간의 모든 허물과 죄를 덮어 주는 곳이며, 새 은혜를 베풀어 주는 곳이다. 죄를 깨끗이 용서해 주시는 곳이기에 "긍휼의 보좌"(Mercy throne)라고 명한다.

지성소 안의 핵심은 법궤이다. '인간이 어떻게 살아야 하는가'에 대한 답으로 하나님의 계명이 들어 있다. 그 계명 위에 속죄소가 있다는 것은 어떤 메시지인가? 법보다 사랑이 우선이라는 복음이다. "법대로 합시다."
세상에서 자주 하는 잔혹한 말이다. 물론 법은 지켜야 한다. 그러나 기억
해야 할 것은, 법은 사람을 사랑하기 위해 만든 것이라는 점이다. 사람을
사랑하기에 악한 사람을 처벌하기 위해 쓰여야 하는 것이 법이다.

이처럼 성경은 법 위에 사랑이 있음을 암묵적으로 가르쳐 준다. 하나님
은 율법이나 계율보다 긍휼과 은혜가 상위법임을 천명하신다(레 16:14, 히 9:5
참조).

그래서 지성소의 핵심부를 "보좌"(throne)라는 단어로 묘사한다. 하나님
의 왕권적 사랑을 강조하기 위함이다. 이런 측면에서 성경은 '보좌'라는 단
어를 40번 이상 반복한다. 한마디로 지성소는 거룩하신 하나님이 인간의
죄를 용서해 주시는 옥좌이다. 보다 구체적으로 말하자면, 긍휼의 보좌는
과거를 정리하고 미래의 희망을 보장해 주는 곳이다.

구약시대 대제사장은 1년에 한 번 지성소에 들어가서 거룩하신 하나님
을 예배하며 알현한다. 그리고 그곳에서 백성의 죄 사함을 받고 나온다.
이날을 '대속죄일'이라고 한다. 간혹 걸어서 들어갔다가 시체가 되어 나오
는 사람도 있다. 스스로 준비가 안 된 사람, 거룩하게 살지 못한 사람은 지
성소 안에서 죽음을 맞는다. 지성소에는 아무나 들어갈 수 없기 때문에 대
제사장이 죽었을 때를 대비해 대제사장 몸에 줄을 달아놓는다. 그렇다면
대제사장이 죽었는지 어떻게 알 수 있을까? 대제사장의 옷에는 방울이 달
려 있어서 그가 움직이면 방울소리가 났다. 이것은 곧 방울소리가 나지 않
으면 그가 죽었다는 것을 의미했다. 그때 줄을 당겨 대제사장을 밖으로 끌

어낸다.

그런데 신약시대에 와서 인류의 대제사장으로 오신 예수님은 십자가 희생으로 우리의 죄를 완전히 대속해 주셨다. 1년에 한 번이 아니라 우리의 모든 죄를 십자가에서 영원히, 단번에, 깨끗이 사해 주신 것이다. 레위기 16장과 히브리서 9장에서 이를 잘 설명하고 있다. 그래서 히브리서에서는 예수님을 두 가지로 호칭한다. '대제사장'과 '위대한 대제사장'이다(14절). 우리를 죄와 심판으로부터 완전히 해방시켜 주셨기 때문이다. 우리가 이처럼 놀라운 사죄 은총을 받은 것은 하나님의 긍휼 덕분이다. 죄인 된 인간을 향한 하나님의 애끓는 연정, 측은지심의 사랑, 이것이 곧 긍휼이다.

그래서 최근에 새로 번역한 북한 평양말 성경에서는 이를 매우 감성적인 가슴언어로 표현한다.

> 그러므로 은정 깊은 우리 하나님의 왕좌로 당당하게 나아갑시다. 거기서 우리는 그분의 은정을 받을 것입니다. 그리고 우리가 그것을 가장 필요로 할 때 우리를 돕는 은정을 얻을 것입니다. (히 4:16, 북한성경)

그렇다면 오늘 우리가 긍휼의 보좌 앞으로 나아가면 예수님은 어떤 은정을 베풀어 주실까?

우리의 연약함을 도와주신다

이미 언급한 대로 예수님은 우리를 불쌍히 여기시는 긍휼의 대제사장, 위대한 대제사장이시다. 그래서 15절에서 예수님을 이렇게 소개한다.

우리의 대제사장은 우리의 연약함을 동정하지 못하시는 분이 아닙니다.
(새번역)

예수님은 우리가 당하는 시련을 몸소 겪으신 분이기 때문에 우리의 연약함을 잘 알고 계신다. 그래서 연약한 우리를 기꺼이 도와주신다.

개역한글 번역에 더 좋은 표현이 있다. '체휼'이라는 단어이다. 신약성경 중에서 히브리서에만 2번 사용되는 중요한 단어이다(4:15, 10:34). 체휼이란 몸으로 느끼는 사랑으로, 가슴 깊은 곳에서 솟아나는 동정과 연민을 말한다. 예를 들어 이웃집 아이가 병에 걸리거나 사고를 당했을 때, 우리는 걱정하는 마음에 "아이고 안 됐네"라고 말한다. 하지만 아이의 엄마는 체휼한다. 같이 아픈 것이다. '차라리 내가 다치는 것이 낫지'라고 생각한다. 바로 이러한 몸의 사랑으로 예수님이 우리를 긍휼히 여겨 주신다.

예수님은 우리의 연약함을 도우려고 스스로 가난해지셨다. 굶으셨고, 멸시를 받으셨다. 밤을 지새우며 번민하셨다. 슬픔과 고통을 당하셨다. 우리의 질병을 짊어지셨다. 끝내는 십자가에 못 박혀 죽으셨다. 무덤 속까지 내려가셨고, 지옥의 고통을 경험하셨다. 그래서 예수님은 오늘도 상한 갈대를 꺾지 않으시고, 꺼져 가는 심지도 끄지 않으시는 긍휼을 베풀고 계시는 것이다.

예수님은 나의 아픔을 아신다. 나의 연약함, 고난, 힘든 사정, 외로움, 고뇌를 아신다. 내가 약할수록 은정을 베풀어 주신다. 고통 속에 있는 나를 측은히 여기시고, 신음하는 내게 긍휼을 베풀어 주신다. 그러므로 우리도 서로 긍휼히 여기며 살아야 한다. 서로 측은지심으로 돌보며 살아야 한다.

사랑이 없을수록 손가락을 하나만 사용한다. 비판과 정죄, 지탄과 공격의 손가락질이다. 그러나 진정한 긍휼의 사람은 모든 손을 사용하여 상대를 품고 끌어안아 준다.

성경은 매우 중차대한 선언을 한다. 마태복음 5장 7절과 야고보서 2장 13절의 내용이다.

"긍휼히 여기는 자는 긍휼히 여김을 받을 것이지만, 긍휼 없이 사는 자에게는 긍휼 없는 심판이 임할 것입니다."

무서운 말씀이다. 만약 내가 "나는 법대로 할 거야", "나는 원칙대로 할 거야"라고 외친다면, 주님도 이렇게 대답하신다. "그래, 나도 원칙대로 할게." 긍휼이 없는 자에게는 긍휼 없는 심판이 기다린다. 다른 말로 '무자비'이다. 그러나 긍휼히 여기는 자는 긍휼히 여김을 받을 것이다.

서로를 긍휼히 여기고, 은정을 베풀며 살아가기를 바란다. 특히 약한 자, 가난한 자, 아픈 자, 고난 중에 있는 자, 외롭게 사는 자를 긍휼히 여겨야 한다. 사랑은 상대방을 향한 애정 때문에 행동하고, 긍휼은 상대방의 필요 때문에 행동한다.

청교도 목회자 리처드 백스터(Richard Baxter)는 이런 말을 한다.

"예수 그리스도는 자신이 지나신 곳보다 더 어두운 곳으로 나를 인도하지 않으신다."

예수님은 고난의 현장에 우리와 함께 계신다. 우리를 찾아와 주시고, 만나 주신다. 우리를 만지고 고치시며, 이기게 하여 주신다. 인생의 어두움을 몰아내어 주신다. 인생의 모든 문제는 예수님의 긍휼로 풀린다. 내가 약할수록 주님의 긍휼은 강하게 역사하신다.

핀란드 속담에 이런 말이 있다.

"아침이 오지 않을 만큼 긴 밤은 없다."

알다시피 북유럽은 백야(白夜)와 흑야(黑夜)가 공존하는 지역이다. 여름에는 백야가, 겨울에는 흑야가 있다. 그러나 칠흑 같은 밤도 결국 아침 햇살에 물러나고 만다. 오늘도 내 인생의 어두움을 몰아내 주시고 나를 밝은 빛으로 인도하실 예수님을 신뢰하며, 긍휼의 보좌, 긍휼의 지성소로 나오기를 바란다.

우리가 필요할 때 도와주신다

하나님은 언제나 타이밍을 맞추어 도와주신다. 가장 적합한 때 도와주신다.

그러므로 자비하심을 얻고 필요할 때 도우시는 은혜를 얻기 위해 은혜의 보좌

앞으로 담대히 나아갑시다. (우리말성경)

여기에 나타난 '필요할 때 도우신다'는 의미는 '제때에 도와주신다'는 개념이다. 문자적으로는 '엄마가 아이의 비명소리를 듣고 달려가서 돕는다'는 뜻이다. 곧, 신속한 도움을 말한다. 하나님은 급하게 서두르시지도 않지만, 너무 늦게 역사하시지도 않는다. 가장 적합한 때에 최상의 방법으로 은혜를 베푸신다.

사복음서를 보면 예수님은 언제나 이렇게 도우셨다. 가난한 사람, 아픈 사람, 외로운 사람이 부르짖는 소리를 들으시면 얼른 달려가서 기꺼이 도와주셨다. 수많은 기적의 공통점은 절묘한 타이밍으로 역사해 주신다는 것이다. 이것은 오늘도 마찬가지이다.

어떤 신학자는 "하나님의 응답은 언제나 진행형이다"라고 말한다. 때를 따라, 때에 맞게, 제 때에 도와주시기 때문이다. 우리가 긍휼의 지성소로 나가기만 하면 주님은 달려와서 우리를 만나 주시고, 도와주신다.

그러므로 우리는 때에 맞게 도우시는 은혜를 받기 위하여 하나님의 보좌 앞으로 담대하게 나아가야 한다. 날마다 긍휼의 지성소로 나와야 한다. 주님은 언제나 은혜를 준비해 놓고 계시다가 구하는 자에게 주신다.

개인적으로 가장 좋아하는 말씀 중 하나가 시편 31편 19절이다.

주님은 참으로 인자하신 분이십니다. 주님을 찾는 사람들을 위해 주님의 은총을 마련해 두셨습니다. 특별히 주님은 많은 사람들 앞에서 그들에게 은총을

주십니다. (쉬운성경)

참으로 멋진 말씀이 아닌가? 하나님은 우리를 위해 이미 은혜를 마련해 주시고, 많은 사람이 보는 앞에서 그 은혜를 베풀어 주신다. 이때 그 은혜를 받는 조건은 간단하다. 우리가 주님께 나아가는 것이다. 하나님의 은혜는 ATM 인출기에서 돈을 뽑듯 쉽게 얻어 낼 수 있다. 우리가 긍휼의 지성소로 나가기만 하면 주님은 쌓아 두신 은혜를 기꺼이 베풀어 주신다.

따라서 우리는 은혜를 사모해야 한다. 은혜를 목말라 하고, 갈망해야 한다. 오늘은 어떤 은혜를 주실까 기대하며 긍휼의 보좌 앞으로 나가야 한다. 그래서 본문 말씀은 하나님의 긍휼과 은혜를 얻기 위해 "담대하게 나아가자"고 한다. 이 표현이 매우 매력적이다. 히브리서는 구약시대를 배경으로 한 용어들을 사용하는데, '담대하게 나아가자'는 표현의 배경은 이렇다.

하나님께서 인간의 죄 때문에 세상을 홍수로 심판하셨다. 그때 수많은 동물이 노아의 방주를 향해 달려왔다. 그들은 자기들이 평소에 다니던 길로 가지 않고, 한시라도 빨리 방주로 들어가기 위해 지름길로 달렸다. 산과 들판, 개천과 강을 가로질렀다.

예수님이 바로 그 지름길이다. 예수님의 십자가만이 긍휼의 보좌로 가로질러 가는 길이다. 그러니 오직 예수님의 십자가만 붙잡기를 바란다. 그것만이 나를 긍휼의 보좌로 데려다준다.

우리가 십자가의 긍휼만을 의지할 때, 하나님은 우리의 연약함을 도와

주신다. 우리가 필요할 때 기꺼이 도와주신다. 언제라도 나아갈 수 있는 궁휼의 보좌가 우리 앞에 있음을 기억하며 살아가기를 바란다.

고난은 악이 아니라 약이다

초판 1쇄 발행	2020년 12월 18일
초판 4쇄 발행	2023년 6월 22일

지은이	조봉희
발행인	이영훈
편집인	김영석

펴낸곳	교회성장연구소
등 록	제 12-177호
주 소	서울특별시 영등포구 은행로 59, 4층
전 화	02-2036-7936
팩 스	02-2036-7910
홈페이지	www.pastor21.net
페이스북	www.facebook.com/pastor21

ISBN | 978-89-8304-304-7 03230

"무슨 일을 하든지 마음을 다하여 주께 하듯 하라"(골 3:23)

교회성장연구소는 한국 모든 교회가 건강한 교회성장을 이루어 하나님 나라에 영광을 돌리는 일꾼으로 성장하는 것을 목표로, 목회자의 사역은 물론 성도들의 영적 성장을 도울 수 있는 필독서들을 출간하고 있다. 주를 섬기는 사명감을 바탕으로 모든 사역의 시작과 끝을 기도로 임하며 사람 중심이 아닌 하나님 중심으로 경영한다. "무슨 일을 하든지 마음을 다하여 주께 하듯 하라"는 말씀을 늘 마음에 새겨 하나님께서 주신 사명을 기쁨으로 감당한다.